Dorothea Hölscher-Lohmeyer

JOHANN WOLFGANG GOETHE

Verlag C.H.Beck

Die Deutsche Bibliothek – CIP-Einheitsaufnahme

Hölscher-Lohmeyer, Dorothea:
Johann Wolfgang Goethe / Dorothea Hölscher-Lohmeyer.
– Orig.-Ausg., 2., durchges. Aufl. – München : Beck, 1999
(C. H. Beck Wissen in der Beck'schen Reihe ; 2127)
ISBN 3 406 44727 9

Originalausgabe
ISBN 3 406 44727 9

Zweite, durchgesehene Auflage. 1999
(Die erste Auflage dieses Buches ist 1991
in der Beck'schen Reihe erschienen.)
Umschlagentwurf von Uwe Göbel, München
Umschlagbild: Nach J. H. Tischbein, Goethe in der Campagna.

Druck und Bindung: C. H. Beck'sche Buchdruckerei, Nördlingen
Gedruckt auf säurefreiem, alterungsbeständigem Papier
(hergestellt aus chlorfrei gebleichtem Zellstoff)
Printed in Germany

Inhalt

Herkommen

Johann Wolfgang Goethe (28. 8. 1749–22. 3. 1832) war der älteste Sohn Johann Caspar Goethes (1710–1782) und seiner Frau Catharina Elisabeth, geborene Textor (1731–1808). Der kaiserliche Rat, schon 38jährig, hatte die 17jährige Tochter des Stadtschultheißen Johann Wolfgang Textor (1693–1771) gerade ein Jahr vor der Geburt des Sohnes am 20. August 1748 geheiratet. Selber in Frankfurt geboren, entstammte er einer thüringischen Handwerkerfamilie; erst der Vater Georg Friedrich Goethe (1658–1730) war nach beendeter Schneiderlehre in Artern an der Unstrut nach Frankreich ausgewandert, bald jedoch, nach Aufhebung des Edikts von Nantes (1685), als Protestant nach Frankfurt übergesiedelt und dort schnell zu einer wohlhabenden Kundschaft und zu Vermögen gekommen. 1705, nach dem Tode seiner ersten Frau, hatte er Cornelia Schellhorn, geborene Walther, die verwitwete Besitzerin des Weidenhofs, geheiratet, eines renommierten Frankfurter Gasthofs in bester Lage, und 1730, als er als Wirt und Weinhändler starb, ein Kapital von etwa 90 000 Gulden hinterlassen, das dem Sohn Johann Caspar ein berufsloses Leben als «Particulier» und Sammler erlaubte und noch zu der materiellen Unabhängigkeit des Enkels wesentlich beitrug. (90 000 Gulden = ca. 54 000 Taler; zur Einschätzung des Geldwerts vergleiche man Schillers Gehalt 1799 als Professor der Universität Jena: 200 Taler jährlich.)

Auf dem traditionsreichen Gymnasium in Coburg, dem Casimirianum, zur Schule gegangen, betrieb Johann Caspar seine juristischen Studien zunächst in Gießen, darauf – wie 40 Jahre später der Sohn Johann Wolfgang – in Leipzig und promovierte 1738 mit einer Arbeit über den römischen und deutschen Erbvollzug. Nach einer zweijährigen Kavaliersreise durch Italien und über Paris und Straßburg zurück nach

Frankfurt bewarb er sich alsbald (1741) um eine Stelle in der reichsstädtischen Verwaltung, nahm aber die kränkende Ablehnung zum Anlaß, 1742 um eine Ernennung zum Kaiserlichen Rat bei dem eben neugewählten Kaiser Karl VII. (1697–1745) einzukommen. Die neue Würde (Mai 1742) bestimmte von nun an nicht nur seine politische Einstellung, die preußisch-fritzische Gesinnung (der Unterstützung Friedrichs II. verdankte der bayrische Kronprinz Karl Albrecht seine Wahl zum Kaiser gegen den habsburgischen Kandidaten, den Gemahl Maria Theresias), sie prägte überhaupt seine ganze künftige Lebenshaltung als unabhängiger Reichsbürger.

Die Textors, die Familie der Mutter, waren im Unterschied zur väterlichen eine südwestdeutsche Gelehrten- und Beamtenfamilie, die auch Künstler wie den Maler Lucas Cranach zu den Ihren zählte. Johann Wolfgang Textor, der Vater der Mutter, nach dem Goethe seine Vornamen erhielt, war, wie schon dessen Vater, Jurist. Vom Ratsherrn (1731) zum Älteren Bürgermeister aufgestiegen, war Textor erst kurz vor der Heirat der Tochter zum Obersten Richter, dem ersten juristischen Vertreter der Freien Reichsstadt, gewählt worden.

Kindheit

Frankfurt, 1749–1765

Das Haus «Zu den drey Leyern», wie es seit 1756 hieß, in dem Johann Wolfgang zur Welt kam, scheintot zunächst, lag im Großen Hirschgraben und gehörte der Großmutter Cornelia Goethe, die auch bis zu ihrem Tode (1754) dort wohnte; eine schöne, immer weiß gekleidete, von den Kindern zärtlich geliebte Frau, die ihnen zu Weihnachten 1753 ein Puppentheater schenkte, für das Johann Wolfgang sein erstes Schauspiel, ein Josephsdrama, verfaßte. Von den fünf Geschwistern, die nach ihm geboren wurden, wuchs nur die Schwester Cornelia (1750–1777) mit ihm auf, nachdem auch der Bruder Hermann Jacob (geb. 1752) sechsjährig gestorben war.

Da die öffentlichen Schulen in keinem guten Ansehen standen, übernahm der Vater Goethe selbst den Elementarunterricht und führte auch die Kinder noch selber ins Italienische ein, das ihm geläufig war. Wenig später überließ er die Unterrichtung in den naturwissenschaftlichen Fächern und in der Mathematik sowie im Lateinischen und Griechischen, Französischen, Englischen und schließlich auch Hebräischen eigenen Lehrern. Aus dem frühen Latein- und Griechischunterricht hat sich ein Aufgabenheft mit den «Labores juveniles» des Acht- bis Zehnjährigen erhalten, darunter Übersetzungstexte ins Lateinische, die, für Frankfurter Primaner bestimmt, von dem Neunjährigen ohne weiteres übersetzt wurden. Bald langweilten den schnell begreifenden Schüler die Übungstexte aus den verschiedenen Sprachgrammatiken, und er erfand einen Roman von sieben sich trennenden Geschwistern, die sich aber ihre «Zustände und Empfindungen» (*DuW* I 4, HA 9,123) auch weiterhin, auf deutsch und lateinisch, griechisch und englisch, französisch und italienisch, mitzuteilen wünschten.

Unter den Nachrichten waren auch solche in Judendeutsch, durch das sich das jüngste «Nestquackelchen» verständlich machte, denn auch mit dem Jiddischen war der junge Goethe vertraut; eine von ihm in früher Zeit verfaßte Judenpredigt hat sich erhalten. Während er den Zeichenunterricht bei dem Kupferstecher Johann Michael Eben (1716–1761) schon mit neun Jahren begonnen hatte, setzte der Klavierunterricht, wie der im Reiten und Fechten, erst 1763 beim Vierzehnjährigen ein.

Daß bei all diesen Lehrstunden die Unterweisung in der Religion nicht zu kurz kam, war selbstverständlich. Tägliches Erzählen und Lesen der biblischen Geschichten war im Hause des streng lutherisch denkenden Rats und der pietistisch frommen Rätin ebenso der Brauch wie der allsonntägliche Kirchgang in die Katharinenkirche, wo zwei Kirchenstühle und ein Klappsitz für die Goethische Familie reserviert waren. Erste Erschütterung des Kinderglaubens brachte das Erdbeben von Lissabon im Jahre 1755, bei dem der Tod von «sechzigtausend Menschen», Schuldigen wie Unschuldigen, das Vertrauen in Gott, den «Erhalter Himmels und der Erden», ins Wanken brachte (*DuW* I 1, HA 9,30). Ein gewisser Ausgleich kam den Kindern von der Lektüre des Klopstockschen *Messias,* der, im gleichen Jahr (1755) erschienen, bald von ihnen gelesen und zu Teilen auswendig gelernt wurde. Denn das Gedicht war nur für eine kurze Zeit ins Haus geschmuggelt worden, da der Vater Goethe, ein Feind reimloser Verse, die Anschaffung des in Hexametern geschriebenen Buches verweigerte.

Die politischen Ereignisse, von denen Frankfurt in der Kindheit und Jugend der Geschwister betroffen war, standen noch im Zusammenhang mit der Thronbesteigung (1740) der jungen 23jährigen Habsburgerin Maria Theresia nach dem Tode ihres Vaters Kaiser Karls VI. (1685–1740) und der Anfechtung dieser Erbfolge durch Bayern – eine Schwächung Habsburgs, die sich Preußen zunutze machte und damit ganz Europa in Kriege verstrickte. Zwar schien in den ersten Lebensjahren der Frieden wieder gesichert, doch brach im

Herbst 1756 erneut der preußische König in das mit Habsburg verbündete Sachsen ein. Zu Neujahr 1759 wurde Frankfurt von französischen Truppen, Bundesgenossen der kaiserlichen, besetzt. Es folgte eine vierjährige Einquartierungszeit, in der die Bürgerschaft in fritzisch und habsburgisch Gesinnte zerrissen wurde, ein Riß, der auch durch die Goethisch-Textorsche Familie ging und die sonntäglichen Mittagessen des Rats und der Seinen im Hause des Schultheißen beendete. In das Goethische Haus quartierte sich der französische Stadtkommandant Graf François de Thoranc (1719–1794) ein, ein vornehmer, kunstsinniger Mann, der alsbald einen umfangreichen Auftrag an die bekanntesten Frankfurter Maler ergehen ließ und damit das Goethische Haus in ein großes Atelier verwandelte. Johann Wolfgang nahm lebhaften Anteil an der Arbeit der Künstler, wie er auch heftiges Interesse an den Racine- und Molière-Aufführungen der französischen Theatergruppe zeigte, die die Truppe begleitete und zu deren Besuch ihm der Großvater Textor ein Freibillett geschenkt hatte.

Kaum aber hatte die Einquartierung mit Beendigung des Siebenjährigen Krieges (1763) Frankfurt verlassen, als die Stadt sich auch schon auf die Feierlichkeiten vorbereiten mußte, die die Wahl Josephs II. (1741–1790), des Sohns Maria Theresias und Franz' I., (1764) zum Römischen König (dem künftigen Kaiser) begleiteten. Johann Wolfgang war mit dem ausgedehnten Krönungszeremoniell ausführlich vom Vater bekannt gemacht worden, so daß er einen Freundeskreis von jungen Leuten einfacher Herkunft, den er erst kürzlich gewonnen hatte, aufs beste über die Ereignisse unterrichten konnte. Mittelpunkt dieses Kreises war ein junges Mädchen – in *Dichtung und Wahrheit* Gretchen genannt –, dem des Fünfzehnjährigen ganzes Herz gehörte. Bald aber mußte dieser erfahren, daß er in eine Gesellschaft von Fälschern geraten war, die sich nachgemachter Handschriften und falsifizierter Testamente schuldig gemacht hatten. Obwohl er selber unschuldig aus den Verwicklungen hervorging, stürzte ihn doch die Trennung, vor allem von Gretchen, in große Verzweiflung; er zog sich ganz aus den bisherigen Verbindungen zurück, mied auch, um peinlichen Begegnungen mit den früheren Freunden zu entgehen, die bisher gewohnten Gänge durch die Stadt, so daß ihm der Abschied von der Vaterstadt nicht mehr schwerfiel; ja, je näher der Oktober 1765 heranrückte, in dem er sich zum Studium nach Leipzig aufmachen sollte, desto mehr überkam ihn die «heimliche Freude eines Gefangenen», der die «Kerkergitter bald durchgefeilt hat» (*DuW* II 6, HA 9,242).

Erste Universitätsjahre

Leipzig, Oktober 1765–August 1768

Hätte der Sechzehnjährige seinen Lebensplan selber machen dürfen, so wäre er zum Studium der alten Sprachen und der Geschichte nach Göttingen gegangen. Schwer auszudenken, was die Begegnung mit den produktivsten Geistern der Epoche auf diesem Gebiet für Wirkung getan hätte. Göttingen, 1734 gegründet, stand im Ruf der zur Zeit ersten deutschen Universität, mit Christian Gottlob Heyne (1729–1812) als renommiertem klassischem Philologen kulturhistorischer Prägung und Johann David Michaelis (1717–1791) als Orientalisten und Begründer einer kritischen Theologie des Alten Testaments. Aber der Vater Goethe war hartnäckig entschlossen, Studienort und -art des Sohnes nach dem Vorbild des eigenen Lebens zu bestimmen. So kam Johann Wolfgang, ausgestattet mit einem großzügigen Jahreswechsel von 1000 Talern (Jahresgehalt August v. Platens als Bibliotheksaspirant: 240 Taler), als künftiger Student der Rechte am 3. Oktober 1765 in Leipzig an und mietete sich bei der Witwe Straube im Haus «Zur Großen Feuerkugel» am Neumarkt ein.

Leipzig war, anders als das noch mittelalterliche Frankfurt, eine moderne Handelsstadt mit breiten Straßen und «hohen und untereinander gleichen Gebäuden» (*DuW* II 6, HA 9,245), ein Klein-Paris von großstädtischer Eleganz und französischem Esprit. Schon in der ersten Hälfte des Jahrhunderts hatte es sich zu einem Zentrum der geistigen und literarischen Aufklärungsbewegung entwickelt: Seit 1729 lehrte hier Johann Christoph Gottsched (1700–1766), der Gesetzgeber einer neuen rationalistischen Poetik; sein *Versuch einer Critischen Dichtkunst* war 1730 erschienen; seit 1727 hatte sich unter der Prinzipalin Friederike Caroline Neuber (1697–

1760) hier eine ständige Bühne etabliert, auf der im kommenden Jahrzehnt das für die Aufklärung vorbildliche französisch-klassizistische Drama (Racine, Corneille, Molière, Voltaire) zur Aufführung kam; ab 1745 begann Christian Fürchtegott Gellert (1715–1769) hier seine Vorlesungen über eine neue Stil- und Sittenlehre, die seit 1746 der siebzehnjährige Lessing besuchte.

Zwar hatten die aufklärerischen Parolen im Herbst 1765 schon an Aktualität verloren, aber der junge Goethe nahm sie zunächst offen und freudig auf. Die ersten juristischen Kollegs, von denen er berichtete, waren römisch-rechtliche, rechtshistorische und zivil- und staatsrechtliche Vorlesungen, auch von einem Kolleg über die Christian Wolffsche Philosophie war die Rede, dem wichtigsten Denksystem der vorkantischen Aufklärung, das die deutsche Philosophie aus der theologischen Bevormundung befreite. Aber nach anfänglich eifrigem Besuch des Kollegs erlahmte das Interesse schon bald im neuen Jahr 1766; durch die Lektüre des «kleinen Hoppe» (*DuW* I 4, II 6, HA 9,145 f., 238), eines juristischen Lehrbuchs, das der Vater zur Vorbereitung des Studiums noch in Frankfurt mit dem Sohn mehrfach durchgearbeitet hatte, war dem Erstsemestrigen das in den Vorlesungen Mitgeteilte bereits hinlänglich bekannt. Nicht viel anders ging es ihm mit der Philosophie: die Wolffsche Logik blieb ihm auf Grund der unzulänglichen Vermittlung verschlossen; und «von dem Dinge, von der Welt, von Gott glaubte ich ungefähr selbst soviel zu wissen als der Lehrer selbst» (*DuW* II 6, HA 9,248). Ungleich nachhaltiger war die Wirkung, die zunächst von der Gellertschen Vorlesung ausging; sie schlug sich unmittelbar in den Lektürevorschriften für die Schwester Cornelia (nach dem 6. Dezember 1765) nieder («Du sollst keine Romanen mehr lesen», «den einzigen Grandison ausgenommen»; «im Italienischen den Pastor Fido»; ferner die Briefe des Cicero, Molière im Auszug), auch in den Briefstilanweisungen an sie («Schreibe nur wie du reden würdest, und so wirst du einen guten Brief schreiben»), die den Gellertschen Empfehlungen im Kolleg genau entsprachen. Trotzdem stellte sich auch hier bald die Kritik ein: Anstößig war vor allem, daß die Namen der jüngeren Dichtergeneration, ‹Klopstock und Ewald von Kleist, Wieland und Gessner, Gleim und Lessing›, von Gellert «weder im Guten noch im Bösen» in den Vorlesungen genannt wurden; offenbar hatte «sein Verstand sie nie für Dichter erkannt» (*Der junge Goethe*. 1910, II 282). Ähnlich prägend war zunächst die Wirkung, die von der Poetik Gottscheds ausging. Die briefliche Ermahnung des Bruders an die Schwester: «Du mußt [...] nicht nur zum Vergnügen, sondern zur Besserung deines Verstandes und deines Willens lesen» (nach dem 6. Dezember 1765), wiederholte präzise die Gottschedsche These, daß die «Belustigung», die der Kunstgenuß bedeutet, «vor allem [...] um der Belehrung und moralischen Besserung» da sei. Aber so «brauchbar» es im übrigen war, daß die Gottschedsche Poetik eine historische Kenntnis von allen Dichtungsarten überlieferte, so war es gerade dieses «Fächerwerk» von Formen, Figuren, Handlungen und Situationen, worein alle tradierte und alle künftige Dichtung sich hineinzwängen sollte, was den jungen Goethe so unbefriedigt ließ (*DuW* II 7, HA 9,272). Nirgendwo sollte es eine Möglichkeit in der Dichtkunst geben, die eigene Empfindung auszudrücken. Die Ernüchterung konnte nicht ausbleiben, sie zog eine Geschmacksunsicherheit schließlich auch über die eigenen Texte nach sich; im Gellertschen Praktikum waren überdies von ihm vorgelegte lyrische und prosaische Proben scharf kritisiert worden; alles wirkte zusammen, daß er eines Tages Poesie und Prosa, das Beste seiner Jugendarbeiten, die er von Frankfurt mitgenommen hatte, auf dem Küchenherd der Witwe Straube verbrannte.

Der Besuch Johann Georg Schlossers (1739–1799), eines Frankfurter Landsmanns, des späteren Gatten der Schwester, zur Zeit der Ostermesse (1766) war der Anlaß, daß der junge Goethe mit dem Gast- und Weinhaus am Brühl bekannt wurde, in dem Schlosser abgestiegen war und dessen Wirt Christian Gottlob Schönkopf (1716–1791) hieß. Hier brachte ihn der Mittagstisch mit einer Runde junger Erzieher, sogenannter Hofmeister, und ihren studentischen Zöglingen zusammen, vorzüglichen Leuten von literarischem Interesse oder Metier, deren Gespräche sich vorwiegend mit dem Zustand der zeitgenössischen «weitschweifigen» und «wässerigen» (*DuW* II 7, HA 9,269) Literaturepoche beschäftigten. Ihnen verdankte er schließlich auch Klärung über die Richtung seines eigenen Dichtens: statt die tradierten Formen von neuem zu erfüllen, ein zweiter Anakreon, ein zweiter Hagedorn zu werden, strebte er «dasjenige, was mich erfreute oder quälte [. . .] in ein Bild, ein Gedicht zu verwandeln» als «Bruchstücke einer großen Confession» (*DuW* II 7, HA 9,283).

Gelegentlicher Gast dieses Mittagstisches war der Hofmeister des jungen Grafen Lindenau, Ernst Wolfgang Behrisch (1738–1809), ein knapp dreißigjähriger, gebildeter Mann von witzig-sarkastischem Naturell, der bald zum Freund, Ratgeber und Kritiker des jungen, nun von Leipzig enttäuschten Goethe wurde. Begabt mit einem «gewissen allgemeinen Urteil» über das «Gute und Schlechte» (*DuW* II 7, HA 9,298) in der Dichtung, gelang es ihm, unter den immer neu entstehenden Gedichten Goethes die 19 besten auszusuchen und die mit «Rabenfeder und Tusche» von ihm geschriebenen 50 Blätter zu einem Gedichtbuch zusammenzufügen, dem der Autor den Titel *Annette* gab; denn es waren zumeist Gedichte, die aus der Liebe zur Tochter des Wirtes, Anna Catharina Schönkopf (1746–1810), entstanden waren; noch keine Erlebnisgedichte, noch durchaus im erotisch-galanten Stil der Zeit abgefaßt und ganz darauf gerichtet, das anakreontische Muster zu erfüllen.

In das «Käthchen», dem er allmittäglich begegnete, wenn sie Speisen und Wein auftrug, hatte sich der junge Goethe schon in demselben Frühjahr 1766 verliebt; sein Gefühl war indessen so leidenschaftlich, daß es bald in Eifersucht umschlug, die Qual und Verzweiflung über die Liebenden brachte – sie trennten sich denn auch im Frühjahr 1768. Zeugnis dieser Schwankungen des Gefühls waren das Lustspiel *Die Laune des Verliebten* (verfaßt 1768), vor allem aber die an Behrisch gerichteten 20 Briefe, die das dramatische Auf und Ab der Leidenschaft bis ins einzelne wiedergeben und darin eine Unmittelbarkeit des Gefühlsausdrucks erreichen, wie sie der Goetheschen Dichtung erst Jahre später im *Werther* (1774) gelang. Bis zum Herbst 1767 gingen diese Briefe in den Leipziger «Auerbachshof», die Wohnung Behrischs; aber Verleumdungen gegen den Freund bewirkten es, daß dieser Leipzig verlassen und eine Tätigkeit als Erzieher des vierjährigen natürlichen Sohnes des Fürsten Leopold von Dessau (1740–1817) übernehmen mußte. Der Weggang des Freundes war für Goethe ein todesähnlicher Verlust. «Tod ist Trennung», schrieb er in die letzte der drei – schon den Ton der späteren freien Rhythmen vorwegnehmenden – Oden, die er dem scheidenden Freunde nachrief.

Ein gewisser Ersatz für die verlorene war die neue freundschaftliche Beziehung zu Adam Friedrich Oeser (1717–1799), dem Direktor der Zeichenakademie, bei dem der junge Goethe schon seit der ersten Leipziger Zeit (Dezember 1765) Unterricht genommen hatte. Sie erstreckte sich auch bald auf die ganze Familie, besonders auf Friederike (1748–1829), die jüngere Tochter, der Goethe beim Abschied von Leipzig ein selbstgeschriebenes Bändchen eigener Gedichte schenkte und der auch noch freundschaftliche Briefe und Briefgedichte aus dem Frankfurter Krankenzimmer galten. Durch Oeser wurde Goethe weniger in seinem zeichnerischen Können als in der Bildung des Geschmacks gefördert. Oeser, ein «abgesagter Feind des [barocken] Schnörkel- und Muschelwesens» (*DuW* II 8, HA 9,309), war ein Freund Johann Joachim Winckelmanns (1717–1768), der den jungen Goethe mit dessen frühen Schriften bekannt machte. Es war dieselbe Zeit, in die die Lektüre des eben erschienenen *Laokoon* (1766) fiel, der kunsttheoretischen Schrift Lessings, die es zum erstenmal unternahm, die unterschiedlichen Prinzipien der Poesie und der Malerei zu bestimmen. Goethe war durch diese Auseinandersetzung so angeregt, daß er einen Besuch in der Dresdener Galerie unternahm, den ersten eines großen Kunstmuseums, bei dem er versuchte, das bei Lessing Erlernte an der ihm schon vertrauten holländischen Malerei des 17. Jahrhunderts zu verifizieren.

Zurückgekommen beschloß er, seine Kenntnis in den künstlerischen Techniken zu erweitern, indem er sich in die Lehre beim Kupferstecher Johann Michael Stock (1739–1773) begab. Waren es nun die schädlichen Ätzdünste, die er zu sorglos einatmete: Ende Juli 1768 jedenfalls wurde er eines Nachts von einem blutigen Husten, einem sogenannten «Blutsturz», überrascht. Freunde, vor allem die Verlegerfamilie Breitkopf, in deren musikalischem Haus er seit langem verkehrte, nahmen sich seiner Pflege an, so daß er nach einigen Wochen an seinem Geburtstage die Heimreise wagen konnte.

Krankheit

Frankfurt, September 1768–März 1770

Wie ein «Schiffbrüchiger» (*DuW* II 8, HA 9,337) fühlte er sich beim Wiedereintritt in sein Vaterhaus, zwar von Mutter und Schwester liebevoll willkommen geheißen, vom Vater jedoch, der seine Enttäuschung über den «Kränkling» schlecht verbergen konnte, nur kühl begrüßt. Die Erkrankung bestand in einer leichten Tuberkulose, die im Zusammenhang mit einer Darmkonstipation Anfang Dezember einen neuen Höhepunkt erreichte und erst im Frühjahr 1769 allmählich abklang. Bedenklicher, weil langsamer heilbar, war indessen eine seelische Überreizung, die mit dem körperlichen Leiden Hand in Hand ging und die wohl mit dem Leipziger zerstreuten Leben wie mit dem Verlust der Liebe zu Käthchen Schönkopf zusammenhing. Sie war der eigentliche Grund, warum der Student der Rechte sein Studium unterbrechen mußte und sich erst nach anderthalb Jahren wieder in der Straßburger Universität einschreiben konnte, in der Absicht, dort das Studium nach dem Vorbild des Vaters mit der Promotion abzuschließen.

Einzig hilfreich in dieser Zeit eines kränklichen, einsamen Lebens war eine Verwandte und Freundin der Mutter, Susanna Katharina von Klettenberg (1723–1774), das Urbild der «schönen Seele», deren Lebensbekenntnisse Goethe später als sechstes Buch seinem Roman *Wilhelm Meisters Lehrjahre* eingefügt hat. Selber krank, hatte diese sich der Herrnhuter Gemeine angeschlossen und in den Lehren des Grafen Nikolaus von Zinzendorf (1700–1760) Weisung für den Zusammenhang zwischen dem «Heil der Seele» und dem «Heil des Körpers» erhalten (*DuW* II 8, HA 9,341). Um dieser Verbindung weiter nachzugehen, studierte sie in den langen Winterabenden 1768/69 gemeinsam mit dem jungen Kranken und der ebenfalls pietistisch gesinnten Frau Rat Georg von Wellings (1652–1727) *Opus Mago-Cabbalisticum* (1735) wie auch die Werke des Theophrastus Paracelsus (1493–1541) und andere pansophische Schriften; ja, um die alchemistischen Rezepte Wellings zu praktizieren, schaffte sich der junge Adept im kommenden Frühjahr 1769 ein Windöfchen samt Lunte und Glaskolben an und versuchte selber das geheimnisvolle «Luftsalz» herzustellen, das die Wendung des eigenen Leidens in der vergangenen bedrohlichen Dezembernacht bewirkt hatte.

Dennoch gingen – trotz der Krankheit – die poetischen Arbeiten weiter: Die schon in Leipzig begonnene Farce *Die Mitschuldigen,* zunächst als Einakter, dann nach dem Muster der *Minna von Barnhelm* mit einer Exposition als Dreiakter konzipiert, wurde erst hier nach «vielem liebevollen Bessern» fertig; und hier erst im Herbst 1769 erschien anonym auch die erste gedruckte Sammlung von 20 Goetheschen Gedichten *(Neue Lieder)* als Vertonungen Bernhard Theodor Breitkopfs (1745–1820), des ältesten Sohns des Verlegers; Goethe hatte sie in den ersten Frankfurter Monaten zusammengestellt und dreizehn noch in Leipzig entstandenen Gedichten sieben neuverfaßte hinzugefügt. Der poetische Ertrag muß aber noch reichhaltiger gewesen sein, sonst hätte sich das Autodafé von Gedichten und Briefen nicht gelohnt, das er wiederum zu Beginn des Jahres 1770 veranstaltete. Mit zunehmenden Kräften nämlich wurde das Bedürfnis immer heftiger, Vergangenheit und Frankfurt hinter sich zu lassen, zumal das Verhältnis zum Vater dank dessen gesteigerter Gereiztheit gegen die Krankheitszustände des Sohnes immer schwieriger geworden war.

Abschließende Studien

Straßburg, April 1770–August 1771

In Straßburg, im Frühjahr 1770, begann mit der neugewonnenen Gesundheit ein neues Leben. Hier in dieser (seit knapp 90 Jahren) französischen Stadt deutschen Gepräges am 4. April angekommen und zunächst im Gasthof «Zum Geist» abgestiegen – demselben, in dem er fünf Monate später Herder begegnen sollte –, fand der junge Goethe alsbald eine «wohlgelegene» (*DuW* II 9, HA 9,358) Wohnung am Fischmarkt nahe dem Münster, bald auch einen Mittagstisch bei den Schwestern Lauth. Dieser versammelte zehn und mehr junge Leute, meist Mediziner, denen ein älterer Jurist des Vormundschaftsgerichts, der Aktuar Johann Daniel Salzmann (1722–1812), präsidierte. Er war ein weitgebildeter, vor allem in Sachen der Pädagogik, Literatur und Morallehre kenntnisreicher Mann, der «durch viel Erfahrung mit viel Verstand gegangen war», dem sich der junge Goethe bald eng anschloß. Schnell befreundete er sich auch unter den Tischgenossen mit dem Theologen Franz Christian Lerse (1749–1800), dem Muster eines Menschen von «redlicher und beständiger Sinnesart», dem Goethe dann in der gleichnamigen Figur des *Götz* ein Denkmal setzte; schnell auch mit dem Mediziner Johann Heinrich Jung, genannt Stilling (1740–1817), einem Pietisten und später berühmten Augenarzt – er operierte 1600 Starblinde erfolgreich im Laufe seines Lebens –, mit dem Goethe noch bis 1775 zusammenhing.

Anders als in Leipzig war er hier zu einem ernsthaft betriebenen Studium entschlossen. Die «Ephemerides», regelmäßige Eintragungen von Lesefrüchten und Titeln gelesener oder zu lesender Bücher, mit denen Goethe schon in Frankfurt Anfang 1770 begonnen hatte, zeugen denn auch von einer immensen

Literatur, die damals durch seine Hände ging: von Livius, Plinius, Lucan, Ovid und Quintilian über Agrippa von Nettesheim, Giordano Bruno, Martin Luther und Paracelsus zu Voltaire, Rousseau, Boerhaave und Herder findet sich alles ungeordnet beieinander, am wenigsten jedoch Juristisches. So überrascht es nicht, daß er die Auskunft Salzmanns, in Straßburg, wie an den französischen Universitäten überhaupt, käme es beim Rechtsstudium weniger auf Aneignung theoretischer als praktischer Kenntnisse an – daß er diese Auskunft zum Anlaß nahm, statt in juristische Vorlesungen zum Repetenten zu gehen, mit dessen Hilfe er dann im September 1770 das Vorexamen zum «Kandidaten» ablegte. Es befreite ihn vom weiteren Besuch juristischer Kollegs und berechtigte ihn, «sine praeside» eine Dissertation anzufertigen; um so eifriger besuchte er chemische und medizinische Vorlesungen und versuchte überdies in anatomischen Praktika das leicht erregbare Ekelgefühl zu überwinden, das ihm noch von der pathologischen Überreizung der Frankfurter Tage geblieben war.

Aber das waren nicht eigentlich die Ereignisse, die erneuernd auf dieses Leben einwirkten. Die Belebung kam aus anderen Eindrücken: von dem gotischen Münster und dessen Anblick als eines aus Teilen zu einem Ganzen strebenden Organismus, der ihn noch am selben Ankunftstag in einer Art Vision überwältigte, und von der elsässischen Landschaft, die sich ihm, vom Münsterturm herab, in dem Reichtum ihrer Vegetation und der Vielfalt ihrer Formationen als «ein neues Paradies» (*DuW* II 9, HA 9,357) offenbarte. Jedesmal war es das Wirken einer schöpferischen Kraft, das ihm in Kunst und Natur sinnlich vor Augen trat.

In dieser Gemütsverfassung konnte wenige Monate später (5. Oktober) eine Begegnung mit Johann Gottfried Herder (1744–1803) nur Epoche machen: «das bedeutendste Ereignis, das die wichtigsten Folgen für mich haben sollte» (*DuW* II 10, HA 9,402) nannte sie später der 63jährige. Denn auch Herder ging es um ein neues Erfassen des Schöpferischen als des Ursprünglichen: Entgegen dem rationalistischen Verständnis der Zeit lasse es sich nicht durch Verstandesregeln erwerben und als «Privaterbteil einiger feinen gebildeten Männer» erklären (*DuW* II 10, HA 9,408 f.); indessen konnte es immer und überall als Naturgabe auftreten, so bei dem Menschen der Frühzeit wie auch heute noch bei dem einfachen, unbewußten Volk.

In dem um fünf Jahre älteren Theologen traf Goethe auf einen Mann, der sich schon durch Veröffentlichungen wie die *Fragmente über die Neuere deutsche Literatur* (1766/67), über die *Schriften Thomas Abbts* (1768), Herders Vorgänger im späteren Bückeburger Bischofsamt, oder die *Kritischen Wälder* einen Namen gemacht hatte und dessen gelehrter wie ingeniöser Überlegenheit er sich sofort unterstellte. Herder, als Begleiter des Prinzen von Holstein-Gottorp, des sechzehnjährigen Sohns des Fürstbischofs von Lübeck, auf einer Reise nach Italien unterwegs, machte seit Anfang September in Straßburg Station. Um der Heilung seines Augenleidens willen war er gerade dabei, sich aus der Verpflichtung gegen seinen Zögling zu lösen. In der Zeit der Behandlung durch Professor Lobstein und dessen Versuch, den natürlichen Tränenfluß operativ wiederherzustellen – eine schmerzhafte und leider erfolglose Behandlung, die sich über ein halbes Jahr hinzog –, kam es zu täglichen Besuchen des Jüngeren bei dem Erkrankten («ich blieb wohl auch ganze Tage bei ihm»). Kein Zweifel, daß ihre Gespräche sich vor allem auf Sprache und Poesie als Früchte des Schöpferischen bezogen. Herder schloß damals gerade eine Abhandlung über den *Ursprung der Sprache* ab, mit der er sich an der Preisfrage des Jahres 1769 der Berliner Akademie der Wissenschaften beteiligte; sie kreisten desgleichen um das Dichten als eine «Welt- und Völkergabe» (*DuW* II 10, HA 9,408), die sich in einzelnen genialen Geistern (Homer und Pindar, Ossian, Shakespeare und Hamann) ebenso artikulierte wie in der frühen hebräischen Dichtkunst oder der deutschen Volkspoesie.

Die Antwort des jungen Goethe auf diese Belehrung war eine intensive Homerlektüre, bei der er sich zugleich die griechische Sprache gründlicher aneignete, wie auch eine Beschäftigung mit Ossian; sie regte ihn ferner zur Skizzierung eines

Aufsatzes über das Straßburger Münster an (des später in Frankfurt fertiggestellten Hymnus *Von deutscher Baukunst*, Ffm. 1773) und brachte ihn schließlich zur Aufzeichnung von zwölf Volksliedern, die Goethe auf seinen Ritten durchs elsässische Land noch «aus denen Kehlen der ältsten Müttergens» gehört hatte (an Herder, September 1771, G. Br. 1,127). Herder nahm drei von ihnen (*Es reit der Herr von Falkenstein*, *Es stehen drei Sterne am Himmel* und *Es war einmal ein edler Herr*) in seine *Volkslieder*-Sammlung (1778) auf.

Bei einem dieser Ritte, schon im Frühherbst des Jahres 1770, brachte ihn der befreundete Mediziner Friedrich L. Weyland (1750–1785), gleichfalls Mitglied der Salzmannschen Tischrunde, auch in das Pfarrhaus nach Sesenheim, wo ihm in der jüngeren Pfarrerstochter Friederike Brion (1752–1813) «ein allerliebster Stern» «an diesem ländlichen Himmel» (*DuW* II 10, HA 10,433) aufging. Die Liebe, die sich offenbar auf den ersten Blick entzündete, entband in dem jungen Goethe die schöpferischen Kräfte, von denen in den Gesprächen mit Herder nur die Rede war. In den Monaten zwischen Oktober 1770 und August 1771, in denen die Liebenden sich immer wieder sahen, entstand eine Reihe von Gedichten, von denen zwei bis drei zu den reinsten Goethescher Liebeslyrik gehören (*Mailied*, *Willkommen und Abschied*, *Kleine Blumen, kleine Blätter*). Wenn man dem Bericht von *Dichtung und Wahrheit* trauen will – die Goetheschen Briefe an Friederike wurden von Friederikes Schwester samt und sonders verbrannt –, so waren die Monate des Zusammenseins ein reines Glück; aber die Briefe an Salzmann aus dieser Zeit lassen auch erkennen, daß sich mit der Erfüllung der Liebe zugleich das Bewußtsein der Verschuldung einstellte. So ist Goethes häufige Entfernung von Sesenheim am Ende des Sommers nicht nur durch die Anfertigung der Doktorarbeit bedingt, die bis zum Ende des Semesters abgeschlossen sein sollte.

Goethe hatte sich für diese Arbeit, nach einigem Zögern, ein kirchenrechtliches Thema ausgesucht: *De legislatoribus*, wie es gelegentlich genannt wird; denn die Schrift selbst ist verschollen; nach dem Bericht in *Dichtung und Wahrheit* ging es darin um eine vom Verfasser geforderte staatliche Regelung der kirchlichen Kultusordnung, die sowohl für die Geistlichkeit wie das Laientum verpflichtend sein sollte, dem Laien aber damit einen Freiraum für seinen Glauben schüfe: «was jeder bei sich fühle, denke oder sinne» (*DuW* III 11, HA 9,473). Die provozierende These wurde von der Fakultät abgelehnt, der Dissertant jedoch auf die Erwerbung des Lizentiatengrades verwiesen. Die hierfür von Goethe in kürzester Zeit verfaßten *56 Positiones juris* bezogen sich auf Probleme der allgemeinen Rechtslehre, des bürgerlichen Rechts, des Civil- und Strafverfahrensrechts, und nahmen Stellung zu aktuellen Fragen wie: Todesstrafe, Kindesmord, Naturrecht – sie billigte die Fakultät noch in demselben Sommer und verlieh dem Prüfling nach einer Disputation, bei der der Freund Lerse einer der schärfsten Opponenten war, am 6. August den Lizentiatentitel «cum applausu».

Schon am Tag danach machte er sich noch einmal zu einem Besuch nach Sesenheim auf, verschwieg allerdings, daß es der letzte war, und trat dann beladenen Herzens über Mannheim die Heimreise an. Der Anblick der dortigen Gipsabgüsse antiker Statuen: des Laokoon wie des Tanzenden Fauns, des Apoll von Belvedere wie der Gruppe von Castor und Pollux, die Kurfürst Karl Theodor von der Pfalz (1724–1799) mit Hilfe des aus Gent berufenen Bildhauers Pieter Anton Verschaffelt (1710–1793) seit 1753 hier versammelt hatte, stellte ihn wieder so weit her, daß er gesünder als von Leipzig in Frankfurt ankam.

Anwalt in Frankfurt

Frankfurt, August 1771–Mai 1772

Schon an seinem Geburtstag reichte er beim Schöffengericht die Bitte um Zulassung zum Anwaltsberuf ein, die er nach wenigen Tagen am 3. September erhielt. Zwar hatte Frankfurt zu der Zeit keinen Mangel an Advokaten; ungeachtet dessen waren die Berufsbedingungen für den 22jährigen Doktor denkbar günstig. Der Vater, als Kaiserlicher Rat von aller beruflichen Tätigkeit ausgeschlossen, sah in der Mitarbeit beim Sohn eine neue Möglichkeit eigener juristischer Betätigung; ein geschickter Aktenschreiber, Johann Wilhelm Liebholt, wurde von dem Rat ohnehin schon beschäftigt, und die nötigen juristischen Konnexionen waren durch Familie und Freundschaft gesichert. Der Onkel Johann Jost Textor (1739-1792), nunmehr Rat der Stadt Frankfurt, unterhielt bis vor kurzem eine angesehene Anwaltspraxis, und der befreundete Johann Georg Schlosser (1739–1799), Goethes künftiger Schwager, ein eingeführter Advokat, überwies ihm sehr bald Klienten, so daß Goethe schon am 16. Oktober seinen ersten Prozeß führen konnte. Wie schon hier, wo ein Sohn gegen seinen Vater, den Glasermeister Heckel, gerichtlich vorging, waren Goethes Klienten auch in den 28 Prozessen, die er im Laufe seiner vierjährigen Praxis führte, meistens Handwerker oder Juden aus dem Ghetto. Schnell hatte er sich eine gute Technik der Prozeßführung angeeignet, wie auch die Fähigkeit, juristische Eingaben rasch abzufassen – die Prozesse wurden damals nur schriftlich geführt –, so daß ihm noch reichlich Zeit für literarische Arbeit, Lektüre und Geselligkeit blieb.

Zwar war ihm Frankfurt nach wie vor «ein leidig Loch», «alles um mich herum todt» (an Salzmann, 28. 11. 1771, G. Br. 1,127); dennoch fanden sich Freunde genug, um am

14. Oktober «mit großem Pomp» «Schäckesp[ears] Nahmenstag» (an Herder, [September] 1771, G. Br. 1,127) zu feiern. Das Rechnungsbuch des Vaters notierte «6 Gulden 45 Kreutzer» für den «dies onomasticus Shakespeare» und «3 Gulden den musicis». Wahrscheinlich war das die Gelegenheit, bei der Goethe die Rede *Zum Schäkespears Tag* hielt, einen Hymnus auf den Genius, der von den Fesseln der «drei Einheiten», des Orts, der Zeit, der Handlung, befreite, die das Drama bisher «krümmten»; der die Geschichte der Welt nun in ihrer ganzen Fülle «wie in einem Raritätenkasten» vorführte und dessen Menschen, nicht länger eingeschnürt in Gut und Böse (denn «das was wir bös nennen, ist nur die andre Seite vom Guten»), nichts als Natur waren («Nichts so Natur als Schäkespears Menschen»). Die Rede klang wie ein Programm für das künftige eigene Drama, ja für die Dramatik der ganzen jungen Sturm-und-Drang-Generation (Lenz, Wagner, Klinger).

Wenige Wochen danach, noch im November, begann Goethe denn auch mit der Niederschrift eines historischen Dramas, der *Geschichte Gottfriedens von Berlichingen mit der Eisernen Hand,* in dem er alles realisierte, wozu ihm Shakespeare die neue Lizenz gegeben hatte. In 59 Szenen zieht – «wie an dem unsichtbaren Faden der Zeit» – das recht- und gesetzlose deutsche 16. Jahrhundert vorüber und in ihm Berlichingen, Selbsthelfer und Raubritter, «in dem das Eigentümliche» des menschlichen «Ichs, die prätendierte Freiheit unseres Wollens mit dem notwendigen Gang des Ganzen zusammenstößt» (*Zum Schäkespears Tag*), so die Definition des tragischen Konflikts in der Shakespeare-Rede und so der Konflikt Berlichingens. Sechs Wochen nur dauerte die Arbeit am Drama, dann wurde es, noch am Ende des Jahres, an Herder geschickt – ein «Skizzo», wie es im Begleitbrief hieß, ganz auf eine «radicale Wiedergeburt» nach Herders Kritik berechnet, die schließlich auch ab Februar 1773 erfolgte: Veränderungen in der Exposition und im 5. Akt wie auch Konzentration auf die Figur des Helden (nur noch 56 Szenen), der nun als *Götz von Berlichingen* der umgearbeiteten Fassung den Namen gab. Daß es jedoch zu keiner nochmaligen Textrevision, sondern endlich zum Druck kam, dafür sorgte der neugewonnene Freund Johann Heinrich Merck (1742–1796): Mit der Devise «Bei Zeit auf die Zäun', so trocknen die Windeln» (*DuW* III 13, HA 9,572) überredete er den Autor zu einer raschen Drucklegung im Selbstverlag, so daß der *Götz* schon im Juni 1773 erscheinen konnte und sehr bald den lebhaften Beifall einer breiten Öffentlichkeit fand.

Die Verbindung mit Merck, dem Sekretär des Geheimen Kabinetts am Darmstädter Hof, war schon im Dezember 1771 durch Schlossers Vermittlung zustande gekommen und knüpfte sich bald sehr eng. Merck, als einem kritischen Kopf und intimen Kenner von Kunst, Literatur und Naturwissenschaft, war von dem Kurator der Gießener Universität die Leitung der «Frankfurter Gelehrten Anzeigen» angetragen worden, einer schon seit 1736 bestehenden wissenschaftlichen Rezensionszeitschrift, die nun – zur Hebung des Ansehens der Universität Gießen – zum kritischen Organ der neuen Generation gemacht werden sollte und für die Merck Mitarbeiter suchte. Zu Herder und Schlosser, dem Juristen Ludwig Julius Höpfner (1743–1797) aus Gießen und dem Theologen Georg Wilhelm Petersen (1744–1816) aus Darmstadt konnte er neben manchem anderen auch Goethe zur Mitwirkung gewinnen. Da sich die Zeitschrift nicht nur durch eine neue Programmatik auszeichnen wollte (statt eines enzyklopädischen Anspruchs Konzentration vor allem auf Neuerscheinungen der Philosophie, der Geschichte, der Künste und Schönen Wissenschaften), sondern auch durch eine neue Art von Gruppenrezension, kam es zu häufigen Besuchen, sei es Mercks in Frankfurt, sei es vor allem Goethes in Darmstadt. *Wanderers Sturmlied* (HA 1,33), die erste der großen Hymnen in freien Rhythmen, oder das Dialoggedicht *Der Wanderer* (HA 1,36) entstanden auf diesen Wegen (1772/73) und zeugen von dem neuen Selbstverständnis des «Wanderers» (*DuW* III 12, HA 9,521). An ungefähr 80 Rezensionen hat Goethe in dem einen Jahr mitgearbeitet oder sie nach gemeinsamem Konsens selber abgefaßt, dann hörte seine wie auch die ständige Mitarbeit Mercks und Herders auf.

Unbeschadet dessen gingen die freundschaftlichen Beziehungen weiter, sie hatten sich ja auch, besonders von seiten Goethes, bald auf den ganzen Darmstädter Kreis um Merck erstreckt: auf den Minister am Darmstädter Hof Andreas Peter von Hesse (1728–1803) und seine Frau Friederike (1745–1801), auf deren Schwester Caroline Flachsland (1750–1809), die seit 1770 die Braut Herders war, und auf deren Freundinnen Luise von Ziegler (1750–1814), Hoffräulein der Landgräfin von Hessen-Homburg, und Henriette von Roussillon (†1773), Hofdame der Herzogin Caroline von Pfalz-Zweibrücken, der Mutter der Darmstädter Landgräfin Caroline. Es war ein enger Freundeskreis, diese «Gemeinschaft der Heiligen», wie sie sich nannten, durch einen empfindsamen Gefühlskult zusammengehalten. Goethe, der ‹Wanderer› nun auch zwischen Frankfurt und Homburg, hat den drei Freundinnen (Psyche, Urania, Lila) noch aus Wetzlar empfindsame Gedichte gewidmet (*Fels-Weihegesang, Elysium, Pilgers Morgenlied*, HA 1,86).

Praktikant am Reichskammergericht

Wetzlar, Mai–September 1772

Denn ans Reichskammergericht nach Wetzlar war er auf Anraten des Vaters und nach dessen biographischem Vorbild inzwischen im Frühjahr 1772 übergesiedelt, um als Praktikant das Verfahren des Reichsprozesses kennenzulernen; am 25. Mai trug er sich in die Wetzlarer Gerichtsmatrikel ein. Die sogenannten Auscultanten, die sich hier ohne Amt aufhielten und für ihre Ausbildung selber zu sorgen hatten, ließen sich meist von in der Kameralpraxis erfahrenen Advokaten unterweisen. Goethe hatte sich, wie auch sein späterer Freund Christian Albrecht von Kielmannsegg (1748–1811), bei dem Assessor von Harpprecht und den Anwälten Werner und Ludolf eingeschrieben. Da die Effizienz des Reichsgerichts in schlechtem Ruf stand, geringe finanzielle Mittel und unzureichende personelle Besetzung die Prozesse unverhältnismäßig verzögerten, auch Bestechung, die Reihenfolge der Verfahren betreffend, sich eingeschlichen hatte, so versprach sich Goethe «unmöglich viel Freude» (*DuW* 12, HA 9,531) von diesem Aufenthalt; was ihn zu dem Entschluß bewog, war vor allem die Aussicht, «meinen [Frankfurter] Zustand zu verändern» (*DuW* 12, HA 9,531) und Zeit zu gewinnen zu eigener Beschäftigung. So ist auch bald, Herder gegenüber, von intensiver Pindarlektüre (10. Juli 1772, G. Br. 1,132) die Rede, die ihn nicht nur in dem neuen dithyrambischen Stil befestigte, der die großen Hymnen dieser und der kommenden Frankfurter Jahre (1772–1775) auszeichnet (*Mahomets Gesang,* HA 1,42, *An Schwager Kronos,* HA 1,47, *Prometheus,* HA 1,44, *Ganymed,* HA 1,46), die Lektüre verhalf zugleich zu einer neuen Selbsteinsicht: gegen das «spechtische Wesen», das Herder in Straßburg an ihm gerügt hatte («überall nur dreingeguckt», «nirgends zugegriffen»; an Herder, 10. Juli 1772, G. Br. 1,132), nun die Erkenntnis, daß «Dreingreifen, Packen [...] das Wesen jeder Meisterschaft» sei. «Über den Worten Pindars ‹epikratein dynasthai› ist mirs aufgegangen» (ebd.).

Mit dieser wie einer ausgedehnten Homer-, später auch Platon-, Xenophon- und Theokritlektüre blieb er jedoch nicht allein. Ein Mittagstisch, der entgegen der sonstigen strengen Wetzlarer Ständetrennung Aristokraten und Bürgerliche vereinte und der sich als Ritterorden verstand, brachte Goethe bald in Verbindung mit Legationssekretären, Rechtspraktikanten und jungen Offizieren, unter ihnen mit dem späteren Schriftsteller Friedrich Wilhelm Gotter (1746–1797), der dem Dichterbund des «Göttinger Hain» nahestand, wie auch mit Carl Wilhelm Jerusalem (1747–1772), dem ihm schon aus Leipzig bekannten Braunschweiger Legationssekretär, dessen Selbstmord Ende Oktober Goethe tief erschütterte und Vorbild wurde für Werthers Ende. Es war eine harmlos ausgelassene Runde von 26 Mitgliedern, die durch Ritternamen (Goethe hieß: Götz von Berlichingen, der Redliche) und Ritterschlag die alte «teutsche Ritterschaft» imitierte und in ihrer patriotischen Rückbesinnung etwas vom Geist der Zeit widerspiegelte.

Einige davon nahmen Goethe sehr bald (7. Juni) auf einen Ball nach Volpershausen mit, denselben, der im *Werther*-Roman wiederkehrt und auf dem er Charlotte Buff (1753–1828) kennenlernte. Die verlobte Tochter des Amtmanns Heinrich Adam Buff (1710–1795), die nach dem Tode der Mutter dem Vater und elf Geschwistern den Haushalt führte, war die wichtigste Begegnung dieses Sommers. Ihr Bräutigam, der vielbeschäftigte Hannoversche Legationssekretär Johann Christian Kestner (1741–1800), der der Rittertafel nicht angehörte, war mit Goethe schon früher bekannt geworden. Im Grase unter einem Baum auf dem Rücken liegend, hatte ihn Kestner bei einem Spaziergang in Garbenheim angetroffen und ihn sogleich als «einen nicht unbeträchtlichen Menschen» erkannt (Kestner an A. v. Hennings, Herbst 1772). Goethes Freundschaft galt beiden Brautleuten; aber die Zuneigung zu Lotte war doch im geselligen Zusammensein während eines langen Sommers «durch Gewohnheit und Nachsicht leidenschaftlicher als billig» (*DuW* 12, HA 9,555) geworden, und so «faßte ich den Entschluß, mich freiwillig zu entfernen, ehe ich durch das Unerträgliche vertrieben würde» (ebd.). Merck war es, der Goethe bewog, Wetzlar vorzeitig (11. September) zu verlassen und die Lahn hinunterzuwandern, um einer Einladung des Ehepaars La Roche nach Ehrenbreitstein zu folgen; Sophie (1731–1807), Verfasserin des Briefromans *Geschichte des Fräuleins von Sternheim* und in frühen Jahren mit Wieland verlobt, war die Gattin des Kurtrierischen Geheimen Rats Georg Michael La Roche (1720–1788), «eines heiteren Welt- und Geschäftsmannes» (HA 9,558); sie war auch Mutter zweier Töchter, deren ältere, Maximiliane, genannt Maxe (1756–1793), es mit ihren schwarzen Augen Goethe schnell angetan hatte, so daß sich in ihm «eine neue Leidenschaft [. . .] zu regen» anfing, «ehe die alte noch ganz verklungen» war (*DuW* 13, HA 9,561).

Schriftsteller von Weltruf

Frankfurt, Oktober 1772–Oktober 1775

Die Erlebnisse des Sommers wirkten noch lange in die folgenden Frankfurter Jahre nach. Zu Beginn des Jahres 1774 heiratete Maxe den um 21 Jahre älteren Kaufmann Peter Anton Brentano (1735–1797) und zog nach Frankfurt. In diesem neuen Verzichtsmoment beschloß Goethe, sich von den schmerzlichen Erfahrungen des Jahres 1772 zu befreien, indem er sie niederschrieb. Im Januar 1774 «isolierte» er sich «völlig» (*DuW* 13, HA 9,587) aus Familie und Freundschaft und brachte in gut vier Wochen, in der Form brieflicher Mitteilungen an einen Freund, *Die Leiden des jungen Werthers* zu Papier. Schon zur Herbstmesse 1774 erschien das Buch bei Weygand in Leipzig und war sofort ein ungeheurer Erfolg. Goethe war über Nacht zu Weltruhm gelangt und wurde «wie ein literarisches Meteor angestaunt» (*DuW* 13, HA 9,596). Noch im selben Jahr wurde ein Nachdruck nötig, 1775 eine «zweite aechte Auflage». Die Wirkung des Romans reichte von enthusiastischer Anerkennung (durch Schubart, Bürger, Claudius, Gleim) bis zum Verkaufsverbot für die Buchhändler auf Grund einer Eingabe der Leipziger Theologischen Fakultät. – Goethe hatte darin nicht nur eine eigene Lebenskrise ausgesprochen, «das Büchlein» hatte zugleich dem Lebensgefühl einer ganzen Generation zu Wort verholfen: Goethe nannte sie die fordernde, die «von unbefriedigten Leidenschaften gepeinigt, von außen zu bedeutenden Handlungen keineswegs angeregt», «in der einzigen Aussicht» lebte, sich «in einem schleppenden, geistlosen, bürgerlichen Leben hinhalten zu müssen» (*DuW* 13, HA 9,583).

Erstaunlicherweise verließ Goethe in diesen Jahren der Unruhe, des Zweifels, des Ekels am Leben – monatelang lag ein «wohlgeschliffener Dolch» neben dem Bette – niemals seine produktive Kraft, ja, sie schien sich in diesen Jahren, wo ihm «kein Mittelzustand erlaubt» war (an Auguste von Stolberg, 3. 8. 1775, G. Br. 1,189), noch zu steigern. So hatte er schon Anfang 1772 gleich nach Beendigung der Arbeit am *Gottfried von Berlichingen* den früheren Plan zu einem Cäsardrama wiederaufgenommen und zu gleicher Zeit den zu einem Drama über «Sokrates» als einem «philosophischen Heldengeist» neu gefaßt (an Herder, Anfang 1772, G. Br. 1,130); Ende 1772 waren der Entwurf und Verse zu einer Mahomet-, im Herbst 1773 Skizzen und erste Ausführungen zu einer Prometheustragödie entstanden; immer war es der «vorzügliche Mensch», der Freiheitsheld, Lehrer der Menschen, Religionsstifter oder bildende Künstler, der «das Göttliche, was in ihm ist, auch außer sich verbreiten möchte» (*DuW* 14, HA 10,39) und damit scheitert.

Aus dem Studium des deutschen 15. und 16. Jahrhunderts, auf das Herder ihn hingewiesen und das ihm außer *Götz* und *Faust* auch die Bekanntschaft mit Hans Sachs eingebracht hatte, entstand die Reihe der Fastnachtsspiele und Hanswurstiaden: das *Jahrmarktsfest zu Plundersweilern* und der *Satyros;* das *Fastnachtsspiel vom Pater Brey,* das, am Polterabend von Herders Hochzeit aufgeführt (1./2. Mai 1773), wegen seiner Anspielungen auf Darmstädter Verhältnisse Ärger erregte, und die satirischen Farcen auf Wieland und den Pastor Bahrdt *Götter, Helden und Wieland* und der *Prolog zu den neuesten Offenbarungen Gottes;* es entstanden – wiederum an das 15. und 16. Jahrhundert und an Luther sich anschließend – zwei Aufsätze, die ursprüngliche Sündhaftigkeit des Menschen betreffend: *Brief des Pastors zu *** an den neuen Pastor zu **** und *Zwo wichtige bisher unerörterte biblische Fragen,* auf die hin der Züricher Theologe Johann Caspar Lavater (1741–1801) sich an Goethe wandte (14. August 1773). Daraus bildete sich bald eine Freundschaft, die für einige Jahre von großer Fruchtbarkeit war. Lavater kam im Sommer 1774 nach Frankfurt, man fuhr nach Ems, später gemeinsam mit dem Pädagogen Johannes Bernhard Basedow (1724–1790) die

Lahn aufwärts nach Nassau: man besuchte den Freiherrn vom Stein (sen.) und seine Familie, man besuchte in Elberfeld Jung-Stilling und traf dort die Brüder Jacobi, den Dichter Johann Georg (1740–1814) und den Philosophen Friedrich Heinrich (1743–1819); auch der Schriftsteller Wilhelm Heinse (1746–1803) war anwesend. Abneigung, vor allem gegen den Empfindsamkeitskult Friedrich Heinrich Jacobis, wandelte sich in Zuneigung; am Ende versprach Goethe Lavater seine Mitarbeit an den *Physiognomischen Fragmenten* (1775–1778), einem vierbändigen Werk, das es anhand von Stichen und Zeichnungen unternahm, Charakterstudien mitzuteilen, die sich ihm aus der individuellen Bildung des Gesichts ergaben.

Nach Frankfurt am 19. August 1774 zurückgekehrt, fanden sich bei dem inzwischen berühmt gewordenen Verfasser des *Götz* (bald auch des *Werther*) immer häufiger alte und neue Freunde ein: Gleichgesinnte derselben Geniegeneration, wie Jacob Michael Lenz (1751–1792), der Verfasser des *Hofmeisters*, und Heinrich Leopold Wagner (1747–1779), der Autor der *Kindermörderin*, der vorweggenommenen Gretchentragödie, wie auch Friedrich Maximilian Klinger (1752–1831), der sich durch das Drama *Sturm und Drang* bekanntgemacht und damit der ganzen aufbrechenden Dichtergeneration den Namen gegeben hatte. Ende September unterbrach sogar Friedrich Gottlieb Klopstock (1724–1803) seine Reise in die Karlsruher Residenz, um das neue junge Genie kennenzulernen; die Frankfurter Presse hielt es für wert, davon zu berichten. Schließlich aber stand eines «dämmrigen Dezembernachmittags» (11. Dezember 1774) ein unbekannter Offizier in Goethes Giebelzimmer, der sich als Carl Ludwig von Knebel (1744–1834) vorstellte, Kammerherr und Prinzenerzieher, unterwegs auf einer Kavaliersreise nach Paris mit den beiden sechzehn- und fünfzehnjährigen Prinzen Carl August (1757–1828) und Constantin (1758–1793) von Sachsen-Weimar-Eisenach. Auf dem Tisch des Zimmers im Gasthof zum «Roten Haus», in dem die Gesellschaft wohnte und wohin man Goethe zum nächsten Tag gebeten hatte, lag das unaufgeschlitzte Exemplar der *Patriotischen Phantasien* (1. Teil) des Osnabrücker Historikers und späteren Ministers Justus Möser (1720–1794). Goethe, der das Buch schon kannte, lenkte das Interesse bald auf die staatspolitischen Ideen dieses Mannes, der ihm so «unendlich imponierte« (*DuW* 13, HA 9,598); es kam zu einem ausführlichen Bericht von ihm über das Buch. Das Gespräch wurde in den nächsten Tagen in Mainz fortgesetzt, wohin Goethe die prinzliche Gesellschaft begleitete, und es konnte beim Abschied nicht verborgen bleiben, daß man mit «enthusiastischem Eindruck» voneinander schied – es war der Anfang einer langen Lebensverbindung.

Zu diesen Unternehmungen, um den jungen Schöngeist kennenzulernen oder «den ungezähmten Bären» mit der «polierten» Frankfurter Gesellschaft bekannt zu machen, gehörte auch der Besuch eines kleinen Konzertes in «einem angesehenen [Frankfurter] reformierten Handelshaus» (*DuW* 16, HA 10,86), wo die Tochter des Hauses «mit bedeutender Fertigkeit und Anmut» den Flügel spielte. Lili war die sechzehnjährige schöne und anziehende Tochter des verstorbenen wohlhabenden Bankiers Jonas Wolfgang Schönemann (1717–1763) und seiner Frau Susanna Elisabeth, geborene d'Orville (1722–1782), die die Geschäfte des Hauses nach dem Tode des Gatten weiterführte. Diese ließ beim Abschied erkennen, «sie hofften mich bald wiederzusehen», und die Tochter schien einzustimmen. Man sah sich häufig, tanzte auf Fastnachts- und anderen Bällen, es entstand «eine Leidenschaft» – «ich konnte nicht ohne sie, sie nicht ohne mich sein» –, es wurde Frühling, man traf sich in den Landhäusern und Gärten der Schönemannschen Verwandten in Offenbach, bei den d'Orvilles und Bernards, und um die Ostermesse (20. April) kam es, nicht ohne Zutun der Demoiselle Delph, einer Freundin beider Familien, zur Verlobung – und damit zu den Schwierigkeiten.

Hatte Goethe schon am 10. März an Auguste von Stolberg (1753–1835), die nie gesehene Vertraute dieser Monate und Schwester der beiden Grafen Stolberg, geschrieben: «O wenn ich jetzt nicht Dramas schriebe [*Erwin und Elmire, Stella*], ich ginge zu Grund» (G. Br. 1,179), so nahm eine Nachricht, knapp drei Wochen später, das unglückliche Ende der Verbindung fast vorweg: «Dem Hafen häuslicher Glückseeligkeit, und festem Fuse in wahrem Leid und Freud der Erde wähnt ich vor kurzem näher zu kommen», schrieb er am 12. Mai an Herder, «bin aber auf eine leidige Weise wieder hinaus in's weite Meer geworfen» (G. Br. 1,182). Zwei Tage später (14. Mai) brach er mit den Stolbergs, Friedrich Leopold (1750–1819) und Christian (1748–1821) samt deren Freund, dem Grafen Haugwitz (1752–1831), auf in die Schweiz. Als literarisch tätige junge Leute und dem Göttinger Dichterkreis nahestehend, hatten diese des Wertherdichters wegen in Frankfurt unterbrochen, und in Werthertracht, gelber Hose und blauem Frack, machte man sich nun, vom Geniegeist ergriffen, zusammen auf. Es war eine rechte Befreiung aus dem Käfig, die der Bräutigam damit unternahm. «Durchgebrochener Bär», «entlaufene Katze» nannte er sich schon sehr bald in den Briefen von unterwegs. Die Reise ging über Emmendingen – wo die Schwester, inzwischen mit Johann Georg Schlosser, dem Amtmann, verheiratet, lebte und von dem Verlöbnis entschieden abriet – über Straßburg (und ein Treffen mit Lenz) nach Zürich (und einem Wiedersehen mit Lavater) und schließlich in die Berge. Aber auf dem Gotthard stehend und nach Italien schauend, entschloß sich der Bräutigam doch noch einmal zur Umkehr zu Lili.

Wieder in Frankfurt, war's «dem Bären schlimmer als vorher». Es gab äußere Schwierigkeiten, sie sind später (1816) in einem Schema für *Dichtung und Wahrheit* vermutlich zutreffend von Goethe benannt: «Andere Religionsgebräuche. Andere Sitten. Und wollte sie [Lili] einigermaßen ihre Lebensweise fortsetzen, [. . .] kein Raum [im Goetheschen Haus]» (WA I 29, 212). Die Schönemanns gehörten der Reformierten Kirche an, ihr Lebensstil war der der wohlhabenden und freizügigen Frankfurter Kaufmannschaft, der Vater Goethe nannte Lili «die Staatsdame». Gravierender waren die inneren Schwierigkeiten: das Sich-Binden – an wen? «[. . .] sollts nicht übermäsiger Stolz seyn zu verlangen, dass dich ganz das Mädgen erkennte und so erkennend liebte, erkenn ich sie vielleicht auch nicht», so an Auguste von Stolberg (14.–19. 9. 1775, G. Br. 1,191). Und das Sich-Binden in Frankfurt – an welchen Beruf? Als Anwalt oder als Residentvertreter deutscher Fürsten beim Rat der Freien Stadt? Was für eine Zukunft! – Um die Herbstmesse löste man sich voneinander. Die Einladung des Herzogs Carl August zu einem Besuch nach Weimar – Wirkung der Begegnung im letzten Dezember – kam gerade recht: schon auf seiner Verlobungsreise nach Karlsruhe ausgesprochen, wiederholte er sie auf der Reise anläßlich der Hochzeit mit Luise, der Tochter des Landgrafen Ludwig von Hessen-Darmstadt, aufs neue, Goethe nahm an und traf – nach Tagen peinlichsten Wartens, da sich die Kutsche, die ihn in Frankfurt abholen sollte, unverhältnismäßig verspätete – am 7. November in Weimar ein. In seinem Reisetagebuch vom 30. Oktober hatte er unterwegs noch einmal Abschied genommen: «Lili Adieu [...] es hat sich entschieden, wir müssen einzeln unsere Rollen ausspielen. Mir ist in dem Augenblick weder bange für Dich, noch für mich, so verworren es aussieht». (Reisetagebuch vom 30. Oktober)

Minister im Herzogtum Sachsen-Weimar-Eisenach

Weimar, November 1775–August 1786

Das Weimar des Jahres 1775 war ein «unseliges Mittelding zwischen Hofstadt und Dorf» (Herder an Knebel, 28.8. 1785). In etwa 730 Häusern lebten ungefähr 6000 Menschen. Das Schloß samt dem Hoftheater war ein Jahr zuvor abgebrannt (1774), und die fürstliche Familie hatte sich in dem der Ständevertretung bestimmten «Landschaftshaus» eingerichtet. Von den 2500 in einem Beruf Tätigen beschäftigten der Hof, die Staats- und Stadtregierung allein etwa 500; 30 Geistliche und Lehrer lebten hier mit etwa 1000 Handwerkern und 16 Bauern zusammen – auch diese teilweise dem Hof verpflichtet. Die übrige Bevölkerung bestand aus Händlern, Gesellen und Arbeitern. Was gänzlich fehlte, war ein solider bürgerlicher Mittelstand wie auch ein unabhängiges Großbürgertum. Einzige Ausnahme machte der Jurist und Unternehmer Friedrich Justin Bertuch (1747–1822), der reichste Bürger Weimars, der nicht nur Geheimsekretär des Herzogs und Verwalter von dessen Privatkasse war, sondern auch vier wichtige Zeitungen verlegte (den «Teutschen Merkur», das «Magazin der spanischen Literatur», die «Allgemeine Litteraturzeitung» und das «Journal des Luxus und der Moden») und seit 1782 eine Fabrik für künstliche Blumen betrieb, in der Christiane Vulpius (1765–1816) zusammen mit 50 Arbeiterinnen bis zu ihrer Freundschaft mit Goethe beschäftigt war.

Als Goethe im November 1775 in die sächsische Residenz kam, hatte der Herzog – achtzehnjährig – gerade die Regierung von seiner 37jährigen Mutter, der verwitweten Herzogin Anna Amalia (1739–1807), übernommen. Seine Einladung galt weniger dem berühmten Autor des *Werther* als dem jungen staatspolitisch orientierten Juristen, von dessen Mitwirkung bei seinen künftigen Regierungsgeschäften er sich viel versprach; aber die Berufung des 26jährigen, in Verwaltungssachen gänzlich Unerfahrenen ins «Geheime Conseil» war dann nur gegen den heftigsten Widerstand der beiden anderen, schon unter Anna Amalia tätigen Mitglieder, des 44jährigen Wirklichen Geheimen Legationsrates Jakob Friedrich von Fritsch (1731–1814) und des 53jährigen Geheimen Assistenzrats Christian Friedrich Schnauß (1722–1797), durchzusetzen. Es bedurfte erst der energischen Erklärung Carl Augusts: «Einen Mann von Genie nicht an dem Ort gebrauchen, wo er seine außerordentlichen Talente gebrauchen kann, heißt den selben mißbrauchen» (Carl August an Fritsch, 10. 5. 1776), um Goethe am 11. Juni 1776 zum Geheimen Legationsrat mit einem Jahresgehalt von 1200 Talern zu ernennen; am 5. September 1779 rückte er dann zum Geheimrat auf, am 10. April 1782 wurde er durch ein Diplom Josefs II. geadelt. – Das «Geheime Konsilium» war das einzige aus drei Ministern bestehende Gremium, das dem regierenden Herrscher seit 1756 beratend zur Seite stand; zwar ohne Vollzugsgewalt, war es doch für jeden der drei mit Sitz und Stimme ausgestattet; es tagte einmal, in der Ausnahme zweimal wöchentlich; an den etwa 750 Sitzungen, die bis zum 25. Februar 1785 stattfanden – dem Datum, an dem Goethe sich aus dem Konsilium zurückzog –, hat er über 500mal teilgenommen.

Daß der 26jährige sich so bald schon – im Januar 1776 – zu der ministeriellen Tätigkeit entschloß, war weder unrealistisch noch unüberlegt; er wußte sehr wohl, daß er sich damit auf einen «Platz» stellte, von dem aus «das durchaus Scheißige dieser zeitlichen Herrlichkeit» (an Merck, 22. 1. 1776) erkennbar wurde; andererseits war es zugleich ein «Schauplatz», wo man «ein paar Herzogtümer vor sich hatte». Gemessen an dem Leben in Frankfurt, «wo ich doch mit der größten Lust nichts thun» konnte (an Johanna Fahlmer, 14. 2. 1776), war dies der freiere Lebensentwurf, die Möglichkeit zu einem Eingreifen in Weltverhältnisse.

Minister, Dichter, bald auch Naturforscher ist Goethe sein

Leben lang geblieben; die literarische Tätigkeit ist nicht ohne die Betätigung auf den anderen Gebieten zu denken noch zu verstehen. – Daß diese Entscheidung zugleich ein Wagnis war, lassen das Tagebuch und die Briefe der ersten Weimarer Jahre deutlich erkennen. «Ich bin nun ganz eingeschifft auf der Woge der Welt – voll entschlossen: zu entdecken, gewinnen, streiten, scheitern, oder mich mit aller Ladung in die Lufft zu sprengen» (an Lavater, 6. 3. 1776, G. Br. 1,209). Deutlicher noch zeigen es die Gedichte dieser Jahre, die ein einziger Anruf an Götter, Glück oder Schicksal sind: als das «unsichtbare Ding, das mich leitet» (*Eisleben Lied, Dem Schicksal, Seefahrt, Hoffnung, Harzreise im Winter*). Noch bis in das Jahr 1780 hinein ist der «Wanderer» oder der «Unstete» die Metapher für sein Lebensgefühl (*Wanderers Nachtlied*), und selbst die Strophe *Über allen Gipfeln ist Ruh*, an die Holztür einer Jagdhütte auf dem Kickelhahn am 6. September 1780 geschrieben, ist noch das Wort eines Unruhigen.

Das mitzuregierende Herzogtum Sachsen-Weimar-Eisenach mit seinen 110 000 Einwohnern war ein armes Land; der Landwirtschaft, dem wichtigsten Gewerbe, fehlte es durch die Drei-Felder-Wirtschaft an den nötigen großen Erträgen, und selbst reiche Ernten waren wegen der Einfuhrzölle im Ausland nicht abzusetzen; die Industrie, mit bedeutendem Absatz allein durch die Strumpfmanufaktur Apoldas vertreten, war sonst im Lande nur schwach entwickelt, und die durch Zölle ertragreiche Handelsstraße Frankfurt-Leipzig führte nur durch einen kleinen Teil des Landes (von Buttstädt nach Eckartsberga). So galt die erste gemeinsame Unternehmung Carl Augusts und Goethes im Juli und August 1776 der Inspektion alter Bergwerksbetriebe. Ilmenau, ein Silber-Kupfer-Schiefer-Bergbau, der seit 1739 stillag, sollte auf das Gutachten des Bergbausachverständigen Friedrich W. von Trebra (1740–1819) hin wieder in Gang gesetzt werden, auch hoffte man auf den Abbau anderer metallhaltiger Erze wie Eisen; am 18. Februar 1777 berief Carl August eine Bergwerkskommission, der Goethe zunächst angehörte, bald auch vorstand. Zwei Jahre später (5. Januar 1779) fiel ihm der Vorsitz der Kriegskommission zu. Noch heißt es im Tagebuch: «Der Druck der Geschäfte ist sehr schön der Seele, wenn sie entladen ist [...] genießt [sie] des Lebens. Elender ist nichts als der behagliche Mensch ohne Arbeit» (13. 1. 1779). Wenige Tage danach wird ihm auch die Leitung der Wegebaukommission übertragen, eine undankbare Aufgabe, weil ihr zur Realisierung ihrer Obliegenheiten: Bau von Chausseen, Stadtpflasterstraßen und Stadtpromenaden, meist die Gelder fehlten, die ihr aus Zoll- und Geleitabgabe der großen Handelsstraßen zukämen, wenn diese nicht in Sachsen-Weimar fehlten. Schließlich übernimmt Goethe am 11. Juni 1782 auch noch die Leitung der Staatsfinanzen, nachdem der bisherige Kammerpräsident August Alexander von Kalb (1747–1814) wegen unzuverlässiger Geschäftsführung plötzlich abgesetzt werden mußte – eine Häufung von Ämtern also, durch die es Goethe immerhin gelang, die Infanterie über die Hälfte, von 532 auf 248 Mann, zu verkleinern und damit die größte Belastung des Haushalts so zu verringern, daß die Finanzkasse des Herzogtums unter seiner Leitung schließlich (bis 1786) in Ordnung kam.

Was nun die Naturforschung anbetrifft, so erwachte schon während der ersten Beschäftigung mit dem Ilmenauer Bergbau, die noch aus Nützlichkeitsgründen vor allem erzhaltigem Gestein galt, bei Goethe auch sogleich ein ganz allgemeines Interesse an Steinen und Mineralien. Aus dem ersten Kennenlernen der einzelnen Stein- und Gebirgsarten der nächsten Umgegend wurde bald das Fragen nach der Gesteinsentstehung überhaupt; aus dem Sammeln von Steinproben und Versteinerungen (dem Beginn seiner umfangreichen Sammlungen) und dem Beobachten von Gebirgsformationen und Felsrissen entstand schließlich der Anfang einer Theorie über die Erdgeschichte. Hilfreich wurden ihm dafür die Anschauungen, die er auf seiner zweiten Schweizer Reise gewann (Herbst 1779 mit Carl August), vor allem aber die der drei Harzreisen, zu denen er im Dezember 1777 allein aufbrach, im September 1783 in Begleitung von Fritz von Stein, dem jüngsten Sohn der Charlotte von Stein, und im August 1784 zusammen mit dem Zeichner Georg Michael Kraus. Waren die ersten beiden

Reisen auf Beobachtungen der Gebirgsformen im ganzen gerichtet, so galt die Aufmerksamkeit der zweiten und dritten Harzreise ausschließlich dem Granit. In dem Aufsatz gleichen Namens, der in einem ersten Entwurf im Januar 1784, in einer zweiten, vollendeten Fassung im Mai/Juni 1785 entstand, wird er als das Urgestein unserer Erde bezeichnet, die äußerste Kruste ihres Kerns, die sich aus der wäßrigen Grundmasse als erste kristallisierte. Voraussetzung für diese Erkenntnis war die Vorstellung von dem in evolutionären Prozessen sich ereignenden Entstehen der Erde aus einem feurigen Urmeer, wie sie sich dann etwa zehn Jahre später als «Neptunistische Theorie» formulierte.

Zu diesem geologischen Interesse gesellte sich ab Sommer 1780 ein Interesse an der Anatomie des Menschen, an der ihm schon seit Straßburg gelegen war. Angeregt durch die anatomischen Demonstrationen, die der Jenaer Anatom Justus Christian Loder (1753–1832) vor der Hofgesellschaft in Weimar abhielt, beschloß Goethe im folgenden Winter (1780/81), die Studien in Jena in den Vorlesungen und Sezierübungen Loders fortzusetzen; ja, zu seinem eigenen und der Schüler Nutzen hielt er selber an der «Fürstlich freien Zeichenschule», die er soeben 1776 mit dem Maler Georg Melchior Kraus (1733–1806) in Weimar gegründet hatte, im Winter 1781/82 Vorlesungen über den menschlichen Knochenbau. Diese Studien, die sich immer mehr auf die Bildung des Schädels konzentrierten, führten schließlich zur Entdeckung eines Knochens, der dem Menschen im Unterschied zu allen anderen Wirbeltieren von der Anatomie der Zeit abgesprochen worden war: des unabhängigen Zwischenkieferknochens; es war eine Entdeckung, die die biblische Anschauung vom Menschen als Sonderschöpfung nach dem Vorbild Gottes widerlegte, indem sie den anatomischen Unterschied zwischen Mensch und Tier aufhob.

Daß Goethe mit diesen wissenschaftlichen und seinen künstlerischen Interessen nicht allein blieb, der Hof und die Hofgesellschaft daran Anteil nahmen, war die glückliche Erfahrung dieser frühen Weimarer Jahre. So wie Carl August, gemeinsam mit Goethe, Loders anatomische Vorlesungen in Jena besuchte, so «mineralogisierte bald ganz Weimar»; «selbst die Damen fanden in den Steinen einen hohen Sinn und legten sich Kabinette an». Diese gesellige Kultur war vor allem der Herzogin Anna Amalia zu danken, die schon den Dichter Christoph Martin Wieland (1733–1813), den früheren Erzieher Carl Augusts, wie den Übersetzer Karl Ludwig von Knebel (1744–1834), den Erzieher des Prinzen Constantin, des Herzogs jüngeren Bruders, an den Hof gezogen hatte; ferner die Kammerherren Friedrich Hildebrand von Einsiedel-Scharfenstein (1750–1828) und Carl Sigmund von Seckendorf (1744–1785), beide auch Übersetzer und Komponisten, sowie die Hofdamen Luise von Göchhausen (1752–1807) und Charlotte von Schardt, später verheiratete von Stein (1742–1827); schließlich den Verleger Bertuch und den Märchendichter und Gymnasialprofessor J. C. Musäus (1735–1787) – einen gebildeten Kreis, den Goethe bald nach seinem eigenen Eintritt durch Herder und dessen Berufung als Generalsuperintendenten nach Weimar und durch Corona Schröter (1751–1802), die ihm schon aus Leipzig bekannte Schauspielerin, erweiterte.

Gleich im ersten Herbst, 1776, nahm er sich einer provisorischen Liebhaberbühne an, die anstelle des abgebrannten Schloßtheaters im Hauptmannschen Haus in der Esplanade eingerichtet war – mit unentgeltlichem Eintritt auch für die unteren Klassen –, wo unter seiner Leitung, neben anderen, eigene früher entstandene Stücke gespielt wurden: *Die Laune des Verliebten* (HA 4,7 ff.), *Die Mitschuldigen* (HA 4,28 ff.), *Das Jahrmarktsfest von Plundersweilern* und *Erwin und Elmire;* bald aber auch (ab November 1776) eine Reihe von Einaktern, Komödien und Singspielen, die erst in den kommenden Jahren entstanden, wie *Die Geschwister* (1776, HA 4,352 ff.), *Lila* (1777), *Triumph der Empfindsamkeit* samt *Proserpina* (1778, HA 4,455 ff.) und *Jery und Bätely* (1779). Es waren meist Gelegenheitsdichtungen, mehrmals aus Anlaß des Geburtstags der Herzogin Luise verfaßt und am 30. Januar aufgeführt, mit einer Thematik, die zum Teil das Stigma dieser Goetheschen Jahre trug: Befreiung von Hypochondrie und

Gefühlskult oder glückliche Enträtselung einer Geschwisterliebe. Höhepunkt dieser Aufführungen war die in rhythmisierter Prosa abgefaßte *Iphigenie*, die, von Corona Schröter und Goethe in den Hauptrollen (Iphigenie und Orest) und von Prinz Constantin im Wechsel mit Carl August in der Rolle des Pylades gespielt, am 6. April 1779 auf die Bühne kam und «gar gute Wirkung» tat, «besonders auf reine Menschen» (Tgb., 6. 4. 1779). Das Schauspiel war zwischen dem 14. Februar und dem 28. März 1779 auf unruhiger Reise von Ort zu Ort und unter häufig erschreckenden Eindrücken niedergeschrieben worden – als Leiter der Kriegskommission war Goethe zum Zweck der Rekrutenaushebung unterwegs, mit der man den unrechtmäßigen Zwangsrekrutierungen des in den Bayrischen Erbfolgekrieg verwickelten Preußenkönigs Friedrich II. zuvorkommen wollte; in Apolda erfuhr er dann, daß «seit der Neujahrsmesse» die Strumpfwirker «an 100 Stühlen» (Tgb., 5. 3. 1779) ohne Arbeit waren. Auf diesem Hintergrund sollte das Stück nach Goethes Absicht eine Herausforderung an die Menschen sein, entgegen dieser von Macht und List, Hunger und Egoismus beherrschten Welt «gut zu sein»; denn in dem Verzicht auf List und Täuschung gründete auch das Handeln Iphigenies: ein Wagnis, das an die Menschlichkeit des Barbaren Thoas appelliert und – gelingt.

«Menschlichkeit», «Wahrheit» und «Reinheit» stehen dann auch als Antrieb hinter dem künstlerischen und praktischen Wirken dieses Goetheschen Lebensjahrzehnts. Hierher gehören die beiden Gedichte *Grenzen der Menschheit* (1779/81) und *Das Göttliche* (1783), beides Selbstbestimmungen des Menschen, der als Vergänglicher nicht an die Götter heranreicht, als Hilfreicher aber sie in sich vorbildet. Hierher gehört auch die Zuwendung Goethes zu einem Schweizer Hirtenbuben, Peter im Baumgarten (1766 bis etwa 1798), dessen Ausbildung (zum Förster, zum Kupferstecher) und Lebensunterhalt er für fast zwei Jahrzehnte (1775–1793), bis zu dessen plötzlichem Verschwinden, übernahm, wie auch die Fürsorge für Friedrich Georg Krafft, einen ihm Unbekannten, am Leben Gescheiterten, den er durch Stellen neuer Aufgaben und finanzielle Hilfe (zeitweise mit einem Siebentel seines Gehalts) neun Jahre lang bis zu dessen Tod (1785) unterstützte. – Noch die innigste menschliche Beziehung dieser Jahre, die Liebesbeziehung zu Charlotte von Stein, ist von diesem Impuls geprägt. «Vollende dein Werk, mache mich recht gut», bittet er sie in einem Brief vom 12. März 1781 (G. Br. 1,350). Er lernte die um sieben Jahre ältere, seit elf Jahren mit dem Oberstallmeister Josias von Stein (1735–1793) glücklos verheiratete Frau sehr bald nach seiner Ankunft in Weimar kennen und fühlte sich sogleich an sie «geheftet und genistelt» (an Johanna Fahlmer, 14. 2. 1776, G. Br. 1,208). Enträtselung dieser Bindung füllt denn auch Denken und Dichten der ersten Zeit der Bekanntschaft aus: So wie bereits frühe Briefe sie als «Wiedererkennung» aus einem früheren Leben entschlüsseln: «Ich kann mir die [. . .] Macht, die diese Frau über mich hat, anders nicht erklären als durch die Seelenwanderung. – Ja, wir waren einst Mann und Weib!» (an Wieland, April 1776?, G. Br. 1,112), so auch das im April 1776 entstandene Gedicht *Warum gabst du uns die tiefen Blicke*, und seine Antwort: «Ja, du warst in abgelebten Zeiten / Meine Schwester oder meine Frau». Daß diese verwandtschaftlich begründete Liebe einen ungeheuren Anspruch an die Selbstdisziplin des 26jährigen stellte, ist außer Zweifel. Die eineinhalbtausend Briefe und Billetts, die in dem Weimarer Jahrzehnt zu ihr hingingen, zeugen davon, jedenfalls bis zum Jahre 1781. Dann scheint eine Art von Konsolidierung in dem Verhältnis eingetreten zu sein; man kann dies nur vermuten, da Charlotte von Stein ihre Briefe nach dem Bruch mit Goethe (1788) zurückforderte und vernichtete. Aber dieser Anspruch von außen ging bald Hand in Hand mit einer Forderung nach Objektivität, die Goethe selber in sich entwickelte; nach seinem ungebärdig genialischen Leben in den ersten Regierungsjahren mit dem Herzog (1775–1779), der noch ein «edler Wein» war «in gewaltiger Gärung» (zu Eckermann, 23. 10. 1828), sprechen die Briefe nun immer häufiger von dem «Muß, das hart ist»; «aber beim muß kann der Mensch allein zeigen wie's inwendig mit ihm steht. Willkürlich leben kann jeder» (an J. Fr. Krafft 31. 1. 1781,

G. Br. 1,342). Zunächst bejaht Goethe dieses Leben der Pflicht: «Das Tagewerck das mir aufgetragen ist [...] erfordert wachend und träumend meine Gegenwart diese Pflicht wird mir täglich theurer» (an Lavater, um den 20. 9. 1780, G. Br. 1,324). Aber schon werden auch Klagen laut: «Ich lade fast zu viel auf mich [...] Staatssachen sollte der Mensch, der drein versetzt ist sich ganz widmen und ich mögte doch soviel anders auch nicht fallen lassen» (an Lavater, 19. 2. 1781, G. Br. 1,344). Das «Andre» war das unfertige schon aus Frankfurt mitgebrachte Faustmanuskript, auch *Egmont*, schon in Frankfurt begonnen, war noch unvollendet; inzwischen war ein Tassodrama neu konzipiert und seit Februar 1777 der Theaterroman *Wilhelm Meisters theatralische Sendung* begonnen, der bis November 1785 zu sechs Büchern angewachsen war. Hinzu kam, daß dem Herzog die alltäglichen Regierungsgeschäfte leid wurden; daß er seit 1783 seine ganze Aufmerksamkeit dem Zusammenschluß der kleinen Fürstentümer zu einer dritten Macht gegenüber Preußen und Österreich widmete und im übrigen «seine Existenz im Hezen und Jagen» hatte (an Knebel, 21. 11. 1782, G. Br. 1,416). Nicht zuletzt begann die immer festere Bindung an Frau von Stein, Goethe einzuengen, so daß der Gedanke, sich von allem zu befreien, immer mehr in ihm wuchs. Eine Badereise nach Karlsbad, in Wiederholung der vorjährigen ersten, Ende Juli 1786 unternommen, wo die nächsten Freunde Carl August, die Herders, Charlotte von Stein versammelt waren, nahm er zur Gelegenheit, um von dort heimlich für «ungewisse Zeit» aufzubrechen. Noch am 14. August begleitete er Charlotte von Stein auf ihrer Rückreise bis Schneeberg im Erzgebirge, ohne ihr seinen Plan zu offenbaren, noch am 28. August feierte er mit den übrigen Freunden seinen Geburtstag ohne eine Erklärung, um sich dann am 3. September früh um drei Uhr «aus Karlsbad wegzustehlen»: «man hätte mich sonst nicht fortgelassen» (IR Tgb.). Außer Philipp Seidel (1755–1820), dem schon aus Frankfurt mitgenommenen zuverlässigen Diener, der genaue Anweisungen erhalten hatte, war nur der Herzog im großen unterrichtet. Ein Brief an ihn, am Vorabend des Aufbruchs geschrieben, begann: «Verzeihen Sie, daß ich beim Abschiede von meinem Reisen [. . .] nur unbestimmt sprach; selbst jetzt weiß ich noch nicht was aus mir werden soll [. . .] ich gehe ganz allein unter einem fremden Namen und hoffe von dieser etwas sonderbar scheinenden Unternehmung das Beste. Nur bitt ich lassen Sie niemanden nichts merken, daß ich außen bleibe.» (2. 9. 1786, G. Br. 2,9/10).

In Italien

September 1786–Mai 1788

Schon am 6. September erreichte Goethe München, am 8. abends den Brenner. Dieses Mal hielt ihn – im Unterschied zu den früheren Malen (1775 und 1779) – nichts mehr von dem Übertritt in den ersehnten Süden zurück: Über Brixen und Bozen, Trient und den Gardasee führte es ihn fort nach Verona: «Das Amphitheater ist [...] das erste bedeutende Monument der alten Zeit, das ich sehe» (*IR*, 16. 9. 1786) – und nach vier Tagen Bekanntwerden mit der Stadt weiter nach Vicenza; die Bauten des Andrea Palladio (1518–1580) machten einen so starken Eindruck, daß er noch nach fünf Tagen gestehen mußte: «Ich verlasse diesen Ort ungern» (*IR* Tgb., 25. 9. 1786); aber in Padua, am Morgen des 26. September angekommen, fand er im Botanischen Garten auch schon erste «schöne Bestätigungen» (*IR* Tgb., 27. 9. 1786) seiner Einsichten in die Bildungsgesetze der Pflanzen; und endlich am 28. September abends: erste Befriedigung seiner Sehnsucht durch die Ankunft in Venedig. «So ist denn auch Gott sey Danck Venedig kein bloßes Wort mehr für mich» (*IR* Tgb., 28. 9. 1786). Denn hier schloß sich ihm zum ersten Mal das Land in «seinen drei großen Weltgegenden» auf: in dem Reichtum seiner Natur, der Größe seiner Kunst, der Lebendigkeit seines Menschenwesens. Aber schon nach vierzehn Tagen trieb es ihn weiter. Ferrara, «wo Ariost begraben liegt und Tasso unglücklich ward» (*IR* Tgb., 16. 10. 1786), sowie Cento und Bologna waren die nächsten kurzen Stationen: in Cento erste Begegnungen mit der Bologneser Malerschule und ihrem Begründer Giovanni Francesco Guercino (1590–1666), in Bologna mit der Florentinischen Schule und ihrem Vollender Raffael (1483–1520). Sein Bildnis der St. Agatha wird bestimmend für die Konzeption der *Iphigenie:* «[...] und werde meine Heldinn nichts sagen lassen, was diese Heilige nicht sagen könnte» (*IR* Tgb., 19. 10. 1786). Doch noch in Bologna beschloß er auch schon, selbst durch Florenz nur durchzugehen, um geradewegs nach Rom zu gelangen. «Ich habe keinen Genuß an nichts, bis jenes erste Bedürfnis gestillt ist» (*IR* Tgb., 18. 10. 1786). Am 21. Oktober abends letzter Aufbruch dorthin: in mühsamer Fahrt über den Apennin und durch die fruchtbare toskanische Ebene, vorbei auch an Perugia und Assisi, wo noch ein kurzer Abstecher zum antiken Minervatempel («dem zweiten antiken Monument») gelang, aber dann unverzüglich weiter; zwar wurde auch noch bei Spoleto der antike Aquaedukt wahrgenommen («das ist nun das dritte Werk der Alten, das ich sehe und wieder so schön natürlich, zweckmäßig und wahr», *IR* Tgb., 27. 10. 1786); doch im folgenden notierte das Reisetagebuch nur noch: «‹Rom, Rom› – Ich ziehe mich gar nicht mehr aus, um früh gleich bei der Hand zu sein» (*IR* Tgb., 27. 10. 1786) – und schließlich am 29. Oktober abends: «Ich kann nun nichts sagen, als ich bin hier».

Als ‹Johann Philipp Möller›, seines Berufs Maler oder auch Kaufmann, hatte er diese Reise allein – ohne Begleitung des sonst üblichen Dieners – angetreten, und dieses Inkognito behielt er, solang wie möglich, bei. Als solcher stieg er bei dem ihm bekannten Maler Wilhelm Tischbein (1751–1829) ab, dessen Haushalt in der Casa Moscatelli, Strada del Corso 20, er von nun an mit zwei anderen Malern teilte: Fritz Bury (1763–1823) und Johann Georg Schütz (1755–1813), dem ihm schon aus Frankfurter Jugendzeit bekannten. Ende Februar 1787 brach er nach Neapel auf (22. Februar–29. März) und schloß dem, nach einigem Zögern, auch noch eine Seefahrt nach Sizilien an (29. März–11. Mai). Begleitet von dem Maler Christoph Heinrich Kniep (1755–1825), der die einzelnen Stationen zeichnend festhielt, bereiste er die Insel von Palermo und Monreale nach Segesta und weiter über Selinunt nach Agrigent, um dann quer durchs Land über Enna das Meer bei Catania wieder zu erreichen und an der Küste entlang über Taormina am 8. Mai nach Messina zu gelangen.

Nach nicht ungefährlicher Rückfahrt und kurzer nochmaliger Unterbrechung in Neapel traf er Anfang Juni zu einem zweiten, fast einjährigen Aufenthalt in Rom ein (6. Juni 1787–23. April 1788). Hier gesellte sich dann dem Malerhaushalt am Corso im November der Musiker Christoph Kayser (1775–1823) hinzu, mit dem zusammen Goethe schließlich unmittelbar nach Ostern 1788 die Rückfahrt über Florenz und Mailand, die Schweiz und Konstanz nach Weimar antrat (Ankunft: 18. Juni 1788).

Der äußere Grund für diese geheimnisvolle Reise war die Fertigstellung der Werke, die den Inhalt der letzten vier Bände der ersten achtteiligen Gesamtausgabe bilden sollten: die Versifizierung der *Iphigenie,* die Vollendung des *Egmont,* die Ergänzung des *Tasso* um die fehlenden drei Akte und die Beendigung des *Faust.* Zu dieser Edition hatte er sich noch rasch im Spätfrühjahr, auf Bertuchs Vermittlung zu dem Verleger Georg Joachim Göschen (1752–1828), entschlossen, um einem erneuten Raubdruck Himburgs zuvorzukommen, eines Verlegers, der schon den *Werther* 1774 unerlaubt nachgedruckt hatte. Die ersten vier Bände, die eine umgearbeitete Fassung des *Werther,* den *Götz* und *Die Mitschuldigen, Clavigo* und *Stella,* den *Triumph der Empfindsamkeit* und die *Vögel* nach Aristophanes enthielten, waren noch mit Herders Hilfe in Karlsbad druckfertig gemacht worden; aber zu den weiteren, im wesentlichen noch Unfertiges ankündigenden Bänden «bedarf ich», so der letzte Karlsbader Brief an Carl August (2. 9. 1786, G. Br. 2,9), «Muße und Stimmung, wenn es keine Sudelei werden soll»; «ich habe die Sache zu leicht genommen».

Wichtiger aber war wohl der innere, schwer zu benennende Grund, der zu diesem fluchtartigen Aufbruch führte und den er in demselben Brief mit den Worten andeutete: «[...] daß ich wünsche, meine Existenz ganzer zu machen» (an Carl August, 2. 9. 1786, G. Br. 2,9). In der Lebenskrise, in die er in den letzten Weimarer Jahren geraten war («ich kämpfte [...] mit Tod und Leben und keine Zunge spricht aus was in mir vorging.» An Charlotte von Stein, 23. 12. 1786, G. Br. 2,34) und die er später als eine Art Selbstverlust beschrieb («ich habe mich in dieser anderthalbjährigen Einsamkeit selbst wiedergefunden.» An Carl August, 17. 3. 1788, G. Br. 2,85), schien es ihm notwendig, die Basis der eigenen Existenz noch einmal neu zu legen. In Italien suchte er das Land, wo ihm Natur, Kunst und menschliche Gesellschaft in gesetzlicher Bildung begegneten und im Aneignen dessen alles «Willkürliche», «Eingebildete» zusammenfiel: die «Gegenwart des klassischen Bodens», die «sinnlich-geistige Überzeugung, daß hier das Große war, ist und sein wird» (*IR*, ‹Dezember› 1787). Hoffnung auf «Wiedergeburt» oder «einen zweiten Geburtstag» sind daher Wendungen, die sich in den italienischen Briefen an Carl August, an die Herders und Knebel immer wiederholen und die auch in dem Reisetagebuch, das er bis zu seiner Ankunft in Rom für Charlotte von Stein führte, immer wiederkehren. Noch in der Beschreibung der Reise, die er erst 30 Jahre später – 1816 und 1817 – unter dem Titel *Aus meinem Leben, 2. Abteilung 1. und 2. Teil* niederschrieb und mit der er die Autobiographie seiner Jugend *Dichtung und Wahrheit Teil 1–3* als erste Abteilung fortsetzte, finden sich immer erneut Ausdrücke wie «neues Leben», «neuer Mensch». (Den Titel *Italienische Reise* erhielten diese Aufzeichnungen erst 1829 bei ihrem Erscheinen in der Ausgabe letzter Hand, wo sie nun auch um den Bericht über den zweiten römischen Aufenthalt ergänzt waren.)

So gehörte in den ersten römischen Monaten Goethes ganze Aufmerksamkeit dem Studium der großen Bau- und Kunstwerke in Antike und Renaissance, wobei er im wesentlichen dem Geschmack Winckelmanns folgte; Volkmanns *Historisch-kritische Nachrichten* waren ihm der unerläßliche Führer. Daneben betätigte er sich im Zeichnen, vor allem als Hilfsmittel sicherer Aneignung der Gebäude und Statuen («[...] das armselige bißgen Zeichnen [...] erleichtert mir jede Vorstellung von sinnlichen Dingen und das Gemüt wird schneller zum Allgemeinen erhoben.» 7.–10. 2. 1787 an Charlotte von Stein, G. Br. 2,49). Bald schon, zu Beginn des neuen Jahres, fühlte er sich in Rom so zu Hause («ich habe mich fast durch Rom durchgesehen [...] und das Unendlich-Scheinende schließt sich in Gränzen.» 13. 1. 1787 an Seidel), daß er die Gelegenheit von Tischbeins Reise nach Neapel benutzte, um ihn dorthin zu begleiten. Etwa vier Wochen überließ er sich dem neapolitanischen Volksleben, besuchte Märkte, Gerichtsverhandlungen, Theater, erlebte Werktag und Feste, mischte sich unter Bettler und Kinder («wenn man in Rom nur studieren mag, so will man hier nur leben»; *IR*, Caserta 16. 3. 1787). Immer war auch hier sein Auge auf das Typische, Sich-Wiederholende gerichtet, auf das Volk in «seinem notwendigen unwillkürlichen Dasein» (*IR* Tgb., 29. 9. 1786), wie es dies in Sitten und Gehabe ausgebildet hatte und sich also im geschichtlichen Wechsel als ein Dauerndes durchhielt. – Dreimal bestieg er den Vesuv, erlebte die Natur hier als zerstörerische, wie er sie in der Fruchtbarkeit des Bodens («drei bis fünf Ernten des Jahres»; *IR*, 17. 3. 1787) als erhaltende erfuhr («in dieser Gegend lernt man erst verstehen, was Vegetation ist und warum man den Acker baut»; *IR*, 16. 3. 1787). Von hier aus besuchte er das von der Lava des Vesuvs «mumierte» Herculanum und das wieder freigelegte Pompeji und begegnete in Paestum zum erstenmal originalen griechischen Tempeln (in Segesta und Agrigent wird sich diese Begegnung wiederholen); und obwohl er sich «nach einer Stunde des Gewöhnens» mit ihrem Anblick befreundete, ja «den Genius pries, daß er mich diese so wohl erhaltenen Reste mit Augen sehen ließ»: «das erste Erschrekken» über die «stumpfen», «kegelförmigen Massen» [der dorischen Säulen], «die lästig, ja furchtbar erscheinen», löste sich niemals ganz. Furcht vor Enttäuschung, gemischt mit Scheu vor zuviel Nähe zur griechischen Vergangenheit wird ihn wohl denn auch bewogen haben, das Angebot des Fürsten Waldeck abzulehnen, nach der Rückkehr aus Sizilien mit nach Griechenland zu kommen. «Wenn man sich einmal in die Welt macht [. . .], so mag man sich ja hüten, daß man nicht entrückt oder wohl gar verrückt wird. Zu keiner Silbe weiter bin ich fähig», so Goethes lakonischer Kommentar zu der Offerte (*IR*, 28. 3. 1787).

Sizilien ersetzte ihm gewissermaßen Griechenland. In Palermo – im «öffentlichen Garten», «dem wunderbarsten Ort von der Welt» (*IR*, 7. 4. 1787) – überkam ihn sogleich die Vorstellung, «ins Altertum versetzt zu sein» (ebd.). Dieser Blick auf das Urbildliche: daß ihm in der sizilischen Gegenwart zugleich die Insel der seligen Phäaken gegenwärtig wurde, machte das Glück der sizilischen Erfahrung aus («Die Gestalt dieser Welt vergeht, ich möchte mich nur mit dem beschäftigen, was bleibende Verhältnisse sind und so nach der Lehre des Spinoza meinem Geist erst die Ewigkeit verschaffen» (*IR*, August 1787). In diesem Garten nun gelang ihm nicht nur am Morgen des 16. April der Entwurf zu einem Nausikaadrama, es wurde ihm am nächsten Morgen «im Angesicht so vielerlei neuen und erneuten Gebildes» (*IR*, 17. 4. 1787) das Prinzip der ursprünglichen Identität aller Pflanzenteile deutlich. In einer «Urpflanze» erkannte er die Gestalt, die von den Keimblättern bis zur Blüte und Frucht Verwandlung ein und desselben war: des «Blattes». Das Bildungsgesetz der Metamorphose, der Schlüssel für Goethe schließlich zu allen «Zeichen der Natur», war damit hier gefunden.

Nach Rom zurückgekommen, begab er sich noch einmal in die «Lehre», dieses Mal vor allem, um «mein eigenes kleines Zeichentalentchen auszubilden» (an Carl August, 11. 8. 1787, G. Br. 2,62). Mit Philipp Hackert, dem Landschaftsmaler, den er schon in Neapel kennengelernt hatte, verbrachte er vierzehn Junitage in Tivoli und auch noch einige Zeit in Rom; von Maximilian Verschaffelt (1754–1818), Sohn des Direktors der Mannheimer Antikengalerie, ließ er sich über «Perspektive, Komposition und Farbgebung der Landschaft» belehren, nachdem er von Kniep schon während der sizilischen Reise im Aquarellieren unterwiesen worden war. Schließlich galt Anfang des Jahres 1788 seine ganze Konzentration dem Studium und dem Modellieren der menschlichen Gestalt.

Aber bald fielen auch die notwendigen Zukunftsentscheidungen, zunächst die inneren. Ende Februar 1788, wenige Monate vor seiner Trennung von Italien, wurde ihm zur Gewißheit: «daß ich auf das Ausüben der bildenden Kunst Verzicht tue» (*IR*, 22. 2. 1788). Was ihm damit zuwuchs, war eine neue Klarheit, «daß ich eigentlich zur Dichtkunst geboren bin und daß ich die nächsten zehn Jahre, die ich höchstens noch arbeiten darf, dieses Talent excolieren sollte» (ebd.). Dem hatte er ohnedies schon seit Beginn der Reise Rechnung getragen. Schon auf dem Weg nach Rom hatte er an der *Iphigenie* weitergearbeitet («Iphigenie neigt sich auch zur völligen Kristallisation, der vierte Akt wird fast ganz neu»), und in Rom gehörten die täglichen Morgenstunden der Arbeit an ihr, vornehmlich der Umsetzung in den fünfhebigen jambischen Blankvers, der durch Lessings *Nathan* (1779) und Schillers *Don Carlos* (1785) als das moderne Versmaß für das deutsche Drama eingeführt war. (Für einzelne Monologe und das in Strophen gegliederte Parzenlied wählte er andere, vier- und zweihebige Versmaße.) Endlich, am 29. Dezember 1786, konnte er Herder «mit Freuden» mitteilen, «daß meine Iphigenie fertig ist».

Schon nach wenigen Monaten fing im Sommer 1787 die Arbeit am *Egmont* an. Vor mehr als zwölf Jahren, noch 1774 in Frankfurt begonnen und in wichtigen Szenen wohl auch schon damals ausgeführt, waren inzwischen, 1778, politische Erfahrungen der Reise mit Carl August an den Berliner Hof Friedrichs II. in die Konzeption eingegangen («wie die Großen mit den Menschen und die Götter mit den Großen spielen», 14. 5. 1778 an Charlotte von Stein, G. Br. 1,249). Goethe hatte 1778/79 und 1782 erneut an dem Drama gearbeitet, so daß er nun im Sommer 1787 an ganze Szenen nicht mehr zu rühren brauchte. Schließlich aber gelang in diesem Juli und August auch der 4. und 5. Akt. – Hatte Goethe allerdings Carl August im Sommer 1787 (11. August) den Rest seines italienischen Aufenthaltes in der Weise entworfen, daß er hoffte, bis «Neujahr den Tasso, bis Ostern Faust ausgearbeitet zu haben, welches mir nur in dieser Abgeschiedenheit möglich wird», so hatte er sich getäuscht. Zwar war das *Tasso*-Manuskript als einziges nach Sizilien mitgereist und seine Anlage noch einmal während der Seekrankheit, auf der viertägigen Hinreise, gründlich durchdacht worden, aber das bisher Ausgeführte erwies sich als unbrauchbar; und gar der *Faust* konnte zwar um Teile der Pakt-Szene, um «Hexenküche» und «Wald und Höhle» im Garten der Villa Borghese vermehrt werden, aber selbst

1790 noch, im 7. Band der Göschenausgabe, nur als Fragment erscheinen.

Denn natürlich war die Isolierung auf die Dauer nicht durchzuhalten, und auch das Gesellige forderte seine Zeit: Außer den freundschaftlichen Beziehungen zu den Hausgenossen, vor allem zu Tischbein – dessen Bild «Goethe in der Campagna» in diesem Sommer entstand –, knüpften sich allmählich auch enge Verbindungen zu der Malerin Angelica Kauffmann (1741–1807), die, mit dem Maler Antonio Zucchi verheiratet, seit 1782 in Rom lebte und in deren Haus Goethe sonntäglicher Gast wurde; vertrauliche Verhältnisse stellten sich gleichfalls zu dem Hofrat Johann Friedrich Reiffenstein (1719–1793), dem nahen Freund Winckelmanns, ein, der Goethe Zugang zu allen gewünschten Sehenswürdigkeiten und Zelebritäten verschaffte, desgleichen zu dem Schriftsteller und Kunstsachverständigen Karl Philipp Moritz (1756–1793) wie dem Maler Heinrich Meyer (1759–1832), den Goethe bald nach seiner Rückkehr an die Zeichenschule in Weimar berief und mit dem er ein Leben lang verbunden blieb.

Je näher der Abschied von Rom rückte, desto dringender wurden aber auch die anderen, äußeren Entscheidungen über Goethes zukünftige Existenz. Daß er auch weiterhin in Weimar an der Seite des Herzogs leben wollte, stand für ihn fest; fest stand aber auch, daß er sich zwar in der anderthalbjährigen Einsamkeit selbst wiedergefunden hatte; «aber als was – als Künstler» (an Carl August, 17. 3. 1788, G. Br. 2,85). Carl August hat aus diesem Bekenntnis Goethes kluge Folgerungen gezogen: Ohne ihn mit den täglichen Kanzlei- und Kommissionsgeschäften fernerhin zu belasten, hat er ihm nach der Rückkehr die Aufsicht über die kulturellen Einrichtungen des Landes anvertraut: die Universität Jena samt ihren Instituten, das Weimarer Theater, Bibliotheken und Parks; er hat ihn auch weiterhin zur persönlichen Beratung herangezogen, auch blieb er Mitglied des Conseils mit dem vollen Ministergehalt.

Die Trennung von Rom war zuletzt doch wie eine Art Tod. Die spätere Darstellung der Reise endet daher auch mit der letzten römischen Nacht – statt eigener Worte – mit Ovids

Versen von seinem Abschied in die Verbannung. Von der Rückreise, auf der er sich noch elf Tage in Florenz aufhielt und in Mailand, wo ihm der Anblick des «Abendmahls» des Leonardo da Vinci «noch ein rechter Schlußstein in das Gewölbe» seiner Kunstanschauungen wurde, wissen wir nur durch das Ausgabenbuch, das der Begleiter Kayser führte.

Konfrontiert der Französischen Revolution

Juni 1788–Mai 1794

So sollte Knebel mit seiner Voraussage: «Ich fürchte, daß er sich sobald nicht wieder an deutsche Luft gewöhnen möchte» (an H. von Knebel, 18. 4. 1788) recht behalten. Wieder in Weimar, fühlte sich Goethe gänzlich isoliert. Grund war nicht nur der Verlust des Ortes, wo er «das erstemal unbedingt glücklich» gewesen (an Herder, Juni 1788, G. Br. 2,94), es war zugleich die Verständnislosigkeit der Freunde, die ihn vereinsamen ließ. Noch 1817, fast 30 Jahre später, schrieb er im Rückblick auf diesen Lebensmoment: «Die Freunde statt mich an sich zu ziehen, brachten mich zur Verzweiflung, [...] ich vermißte jede Teilnahme, niemand verstand meine Sprache» (*Schicksal der Handschrift,* HA 13,102). In der Tat, Herder war gerade nach Italien aufgebrochen, Carl August, seit Herbst 1787 (27. September) preußischer Generalmajor und Kommandeur des 6. Kürassierregiments in Aschersleben, hielt sich meist in der Garnison auf, und Charlotte von Stein, noch immer unversöhnt über Goethes heimlichen Aufbruch vor zwei Jahren, begegnete ihm mit Kälte; ein Jahr später (Juni 1789) kam es zum Bruch.

Zwar war Goethe in der Tat nun von der Erledigung der laufenden Regierungsgeschäfte befreit, einzig die Leitung der Ilmenauer Bergwerkskommission übernahm er von neuem und behielt sie auch bis zum Zusammenbruch des Bergwerks 1796 bei, wie er auch in der 1789 neu gegründeten Wiederaufbaukommission des abgebrannten Schlosses von neuem mitwirkte, die bis zur Wiedererrichtung des Ost- und Nordflügels 1803 tätig war. Erst zu Beginn des Jahres 1791 (17. Januar) fiel ihm mit der Gründung des neuen herzoglichen Hoftheaters und der Berufung zu seinem Leiter wieder eine umfangreiche Aufgabe zu, der er sich etwa 25 Jahre bis zum 13. April 1817 unterzog.

Zunächst also blieb ihm Zeit für eigene Arbeiten. Schon im Herbst 1788 begann er von neuem mit der Fertigstellung des *Tasso*, dieses aus Rom unfertig zurückgebrachten Schauspiels, das er erst nach fast einjähriger (mit «unerlaubter Sorgfalt» betriebener) Arbeit im Sommer 1789 (31. Juli) beendete. Von der Thematik dieses fünfaktigen, wie dic *Iphigenie* ebenfalls in Blankversen verfaßten Dramas hatte Goethe schon in Rom gemeint, «er würde sie [jetzt] nicht mehr wählen, hätte er sie nicht [schon] angefangen» (an Carl August, 28. 3. 1788, G. Br. 2,90). Caroline Herder gegenüber benannte er sie als «Disproportion des Talents mit dem Leben» (Caroline an Gottfried Herder, 20. 3. 1789); als Seelendrama eines Künstlers also, im Konflikt mit der höfischen Konvention in seiner Rolle als Hofdichter. Noch Jahrzehnte später zweifelte Goethe selber an der Wirkung des Werks: «Alles geschieht darin nur innerlich» (zu Kanzler Müller, 23. 3. 1823). So war auch bei seinem Erscheinen 1790 das Urteil schon durchaus geteilt: «Das erbärmlichste, langweiligste Drama, das je existierte» stand als Meinung neben «Meisterstück, was einen ganz eigenen Charakter hat»; immerhin, als der *Tasso* schließlich am 16. Februar 1807 in Weimar uraufgeführt wurde, war er ein Erfolg.

Daß Goethe mit diesem Werk noch ganz rückgewandt war, daß sich seine Problematik noch ganz aus dem Erleben der Weimarer Jahre nährte, ist deutlich. Goethe selbst hat im Alter den biographischen Anteil am *Tasso* nicht knapp bemessen, wenn er zu Eckermann sagt, daß er den Stoff in Italien von neuem ergriffen habe, um sich «von demjenigen freizumachen, was mir noch aus meinen Weimarschen Eindrücken [...] Schmerzliches [...] anklebte» (3. 5. 1827). – Und so waren auch die anderen Veröffentlichungen der Jahre 1788–1790 noch durchaus Früchte der vergangenen Zeit: Als *Auszüge aus einem Reisejournal* erschienen schon im Herbst 1788 und 1789 im «Teutschen Merkur» eine Reihe von Aufsätzen kunsttheoretischen und ethnographischen Inhalts (unter anderen *Einfache Nachahmung der Natur, Manier, Styl* oder auch *Le-*

bensgenuss des Volkes in und um Neapel); und es erschien Ostern 1789 der für das Volksleben exemplarische Aufsatz *Das Römische Carneval*, illustriert durch 20 Kupfer von G. M. Kraus im Verlag Johann Friedrich Unger, dem Goethe ab 1792 dann auch seine Ausgabe *Neue Schriften* (7 Bde., Bln. 1792–1800) anvertraute. Das umfangreichste Opus aber, das noch ganz das sinnlich-antike Lebensgefühl der italienischen Jahre atmete, war ein Gedichtzyklus, den Goethe zunächst *Erotica Romana* nannte. Sein eigentliches Entstehen verdankte er vermutlich erst der Weimarer Liebschaft mit der 23jährigen Christiane Vulpius, der Goethe gleich im ersten nachitalienischen Juli im Park an der Ilm begegnete, als sie ihm das Bittgesuch des Bruders Christian August Vulpius (1762–1827) zu überreichen versuchte. Als eines von zehn Geschwistern und vaterlos – der Vater, Amtskopist und wegen Verfehlungen 1784 aus seiner Schreiberstelle entfernt, war 1786 gestorben – ersuchte sie Goethe für den Bruder, den einzigen Ernährer der Familie, um Vermittlung einer festen Anstellung, für die sich Goethe dann auch bei Göschen in Leipzig erfolgreich verwandte.

Die Leidenschaft für Christiane muß sofort entbrannt sein, jedenfalls ist das Goethesche Gartenhaus schon im selben Sommer 1788 und bis zum Herbst 1789 ihre gemeinsame Wohnung. In dieser Zeit, und bis in das Frühjahr 1790 hinein, da Goethe inzwischen in das Jägerhaus am Neutor gezogen und dort am 25. Dezember der Sohn Julius August Walther geboren war – in dieser Zeit entstanden die 24 Elegien, die sich in die Tradition der römischen Liebeslyrik des Properz, Tibull und Ovid stellen und die Goethe seit der ersten Cottaschen Edition 1808 *Römische Elegien* nannte. Diese daktylischen Distichen, die die Goethesche Dichtung in antiken Versmaßen eröffneten, wurden vermutlich eingeleitet wie auch beschlossen durch zwei dem Priap, dem Gott des männlichen Gliedes, gewidmete Gedichte, variierten aber auch in den übrigen Strophen das Thema der geschlechtlichen Liebe zwischen einem deutschen Künstler und einer römischen, mittellosen, «von vielen Männern gesuchten» jungen Witwe; sie sind die ersten der als Zyklus verfaßten Dichtungen, denen in den neunziger Jahren die *Vier Jahreszeiten* und die *Weissagungen des Bakis* folgten und zu denen sich im neuen Jahrhundert vor allem der Zyklus der sechzehn Sonette und die zwölf Bücher des *West-Östlichen Divan* gesellten. Goethe schickte die Gedichte wohl schon im Frühsommer 1790 an Herder (20. Juni 1790), der aber von einer schnellen Veröffentlichung entschieden abriet. Nur die 13. Elegie, als eine der weniger bedenklichen, erschien schon Juli 1791 in der von K. Ph. Moritz herausgegebenen «Deutschen Monatsschrift». Erst Friedrich Schiller war nach der Lektüre im Herbst 1794 so voller Lob über die «Wärme», die «Zartheit», den «körnigten Dichtergeist» der Gedichte (28. 10. 1794), daß er sie 1795 im 6. Heft des 2. Jahrgangs der von ihm neugegründeten Zeitschrift «Die Horen» erscheinen ließ; sie waren dort vermindert um die vier anstößigsten und verändert in einigen Versen der 2. und 7. Elegie. Diese Auswahl wurde dann von sämtlichen zu Goethes Lebzeiten erschienenen Editionen übernommen; erst die Weimarer Ausgabe druckte die vier sekretierten Gedichte in den Anmerkungen ab. Selbstverständlich war das Urteil auch über dieses Goethesche Opus geteilt. Während der Schuldirektor Karl August Böttiger («empört über die bordellmäßige Nacktheit»), aber auch Herder («die ‹Horen› müßten nun mit dem u gedruckt werden») und Charlotte von Stein selbst die «gereinigte» Fassung verwarfen, setzten sich Wilhelm von Humboldt, August Wilhelm Schlegel und Schiller mit allem Enthusiasmus für sie ein.

Immerhin, das Mißbehagen an Freunden und Umwelt kompensierte Goethe durch eine um so intensivere Beschäftigung mit der Natur in ihren verschiedenen Bereichen, vor allem der Morphologie und der Farbenlehre. «Die Konsequenz der Natur», erklärte er sein vermehrtes Interesse, «tröstet schön über die Inkonsequenz der Menschen» (an Knebel, 2. 4. 1785, G. Br. 1,473). Dabei ging es ihm jetzt nicht mehr wie in dem ersten Weimarer Jahrzehnt nur um Beobachten, Sammeln und Ordnen verschiedener einzelner Phänomene, er versuchte jetzt «die mannigfaltigen besonderen Erscheinungen

[. . .] auf ein allgemeines einfaches Prinzip zurückzuführen» (*Zur Morphologie,* HA 10,438 f.), auf «sich wiederholende Grundmuster» und «bleibende Verhältnisse» (*IR,* 23. 8. 1787). So entstand im Winter 1789 und erschien 1790 im Druck der Aufsatz, der aufgrund des Aperçus der Urpflanze das Metamorphosegesetz an der Bildung der einjährigen Pflanze nachweist: wie sich dasselbe Element, «das Blatt», in sechs Schritten der Ausdehnung und Zusammenziehung in verwandelter Form ständig wiederholt (*Versuch die Metamorphose der Pflanzen zu erklären,* Gotha 1790, HA 13,64 ff.). – Entsprechend entstand zu Beginn des Jahres 1791 ein fragmentarisch gebliebener Aufsatz über die *Gestalt der Tiere,* der es unternahm, anläßlich des Fundes eines «glücklich geborstenen Schafschädels auf dem Judenfriedhof in Venedig» auch in den Schädelknochen verwandelte Wirbel zu erkennen und also im Wirbelknochen, analog dem Blatt, dasselbe Element zu fassen, das im Skelett der Säugetiere immer metamorphosiert wiederkehrt. – Schließlich gründeten auch die farbtheoretischen und optischen Untersuchungen, wie sie Anfang 1790 einsetzten und zwei Jahrzehnte lang bis zum Mai 1810, bis zur Beendigung der *Geschichte der Farbenlehre,* andauerten, in der Absicht, die Farben – entgegen der Newtonschen Theorie – aus den allgemeinen Naturgesetzen der ‹Polarität› (Licht und Nichtlicht) und ‹Steigerung› zu erklären. In den beiden *Beyträgen zur Optik,* die 1791 und 1792 erschienen, vor allem aber in den *Betrachtungen über die Farben. Resultate meiner Erfahrungen* (Juli 1793 während der Belagerung von Mainz notiert), wird diese Tendenz schon deutlich.

Dieser auf das Normative und Dauernde gerichtete Sinn, wie er sich im Anschauen antiker Kunst und dem Beobachten gesetzlicher Natur herausgebildet hatte, war es wohl vor allem, der Goethe im Juli 1789 den Ausbruch der Revolution in Frankreich nur als «das schrecklichste aller Ereignisse» (*Bedeutende Fördernis durch ein einziges geistreiches Wort,* HA 13,39) erfahren ließ. Entgegen befreundeten Geistern wie Klopstock und Wieland, Herder und Knebel, die ihre befreiende Wirkung zunächst begrüßten, sah er darin nur «den Umsturz alles Vorhandenen», «ohne [. . .] die mindeste Ahnung [. . .] was denn besseres ja nur anderes daraus erfolgen solle» (*Annalen*, 1793, HA 10,438 f.). Dabei war Goethe nicht etwa ein Fürsprecher des Ancien Régime. Die Korruption des französischen Hofes, der Aristokratie und des Klerus erkannte er nur allzu deutlich. Die «Halsbandgeschichte», die Verstrickung der französischen Königin in eine Bestechungsaffäre größten Ausmaßes, schon vier Jahre vor Revolutionsausbruch (1785) zutage gekommen, erschreckte ihn «wie das Haupt der Gorgone»; ja, er war überhaupt der Überzeugung, daß «eine große Revolution nie Schuld des Volkes [. . .] sondern der Regierung» sei, die nicht «gerecht», nicht «wach» genug war, um dem Volk «durch zeitgemäße Verbesserungen entgegen[zu]kommen» (zu Eckermann, 4. 1. 1824). Reformen also waren fraglos notwendig. «Die menschlichen Dinge haben alle funfzig Jahre eine andere Gestalt, so daß eine Einrichtung, die im Jahre 1800 eine Vollkommenheit war, [. . .] 1850 vielleicht ein Gebrechen ist» (zu Eckermann, 4. 1. 1824). Reformen also schon, aber nur innerhalb einer auf einen Fürsten hin geordneten Verfassung: einen Regenten, der sich als Diener seines Staates versteht, und Bürger als Untertanen, die frei sind innerhalb der Grenzen ihres Standes. Zumal für Deutschland hielt Goethe an dieser Konzeption fest; weder schienen ihm die deutschen Verhältnisse – dank glücklicher Regenten wie Friedrich II. oder Joseph II. – von der Art, daß überhaupt ein Bedürfnis nach Veränderung im Volk bestand, noch schien ihm das Volk schon reif für eine Regierungsverantwortung. Die «Revolution» war für Goethe ein den Adel betreffendes Problem: dessen, als der regierenden Klasse, korrupter Zustand war der Grund, daß bürgerliche Ehrgeizlinge und Aufschneider heraufkommen und – was gefährlicher war – politische Scharlatane den Adel in Abhängigkeit von sich bringen konnten.

So stand im *Bürgergeneral*, dem einaktigen Lustspiel und erster Reaktion Goethes auf revolutionäre Auswirkungen in Deutschland, ein solcher bramarbasierender, «neu-fränkische» Ideen ins Dorf tragender Barbier im Mittelpunkt des Geschehens; in wenigen Apriltagen des Jahres 1793 verfertigt und schon Anfang Mai uraufgeführt, bestand der Wert dieser Posse nur in ihrer Aktualität. – Nicht anders war es in dem zweiten, ebenfalls 1793 entstandenen Schauspiel *Die Aufgeregten* (HA 5,168 ff.) mit dem schon ausdrücklichen Untertitel «politisches Drama» (5 Aufzüge), in dem ebenfalls ein Dorfchirurg sich zum Fürsprecher der neuen Ideen von «Gleichheit» und «Freiheit» gemacht hatte; auch hier noch besänftigte ein Adliger durch kluges Verhalten die «Aufregung» und stellte den Frieden wieder her. – Der andere Typus des Revolutionskarrieristen, des Scharlatans und Obskuranten, war schon im Sommer 1791 zum Helden des Lustspiels *Der Groß-Cophta* (5 Aufzüge) geworden. Dessen dramatisches Sujet, die Halsbandaffäre, kreiste um einen solchen falschen Propheten und Meister einer Geheimgesellschaft. Sein biographisches Vorbild war Cagliostro, für dessen Person und Herkunft sich Goethe schon in seinen italienischen Tagen (1787) lebhaft interessiert und dessen Familie er unter dem Pseudonym eines reisenden Engländers in Palermo besucht hatte. (Ein aktueller Bericht darüber eröffnete den 1. Band von Goethes *Neuen Schriften: Des Josef Balsamo, genannt Cagliostro, Stammbaum.*) Er war die notwendige Gegenfigur der Zeit zu den echten Freiheitshelden (Egmont, Tell), der falsche Freiheitsapostel, von dem noch die *Weissagungen des Bakis* 1798 sprechen und den schon die im Frühjahr 1790 verfaßten *Venetianischen Epigramme* (HA 1,174 ff.) kennen.

Auf Bitte der Herzogin Anna Amalia nämlich, die sich für die letzte Strecke ihrer Italienreise seine Begleitung gewünscht, hatte Goethe sich Mitte März 1790 im eigenen «Chäschen» wiederum auf den Weg nach Italien gemacht und wartete nun in Venedig seit dem 31. März auf die Ankunft der Herzogin, die sich jedoch verzögerte. In diesen Wochen (bis zum 6. Mai) des unfreiwilligen Müßiggangs entstanden die meisten der etwa 150 Epigramme, von denen Goethe dann eine Auswahl in Schillers *Musen-Almanach für das Jahr 1796* veröffentlichte. Durch das Martial-Motto «hominem pagina nostra sapit» («unser Blatt schmeckt nach dem Menschen») stellte er sich auch hier wieder in antike Tradition, dieses Mal aber des römischen

Satirikers und seiner zynischen Weltsicht; denn durch die zweite italienische Reise – so schon das Geständnis an Carl August vier Tage nach der Rückkunft – wurde seiner bisherigen Liebe zu Italien «ein tödlicher Stoß» versetzt (G. Br. 2,124). War es die Trennung von Christiane, dem «zurückgelassenen erotico» «mitsamt dem kleinen Geschöpf in den Windeln», waren es die Revolutionsereignisse als der dunkle Hintergrund der Reise: Venedig hatte sich ihm inzwischen in ein «Wassernest» verwandelt, zwar nach wie vor «voll Leben und Weben», aber «ohne deutsche Redlichkeit», «Ordnung und Zucht». Entsetzen über die Armut des Volkes, Spott über den «Kot» auf den Straßen, Gift und Galle über Priestertrug und Christentum, gemischt mit politischen Sarkasmen über Volk und Könige, thematisieren jetzt die kurzen oder längeren Epigramme, ausgenommen das neunstrophige, das erneute Bekenntnis zu Carl August: «. . . er / War mir August und Mäzen» («Klein ist unter den Fürsten Germaniens freilich der meine . . .»).

Am 18. Juni wieder zu seiner «unheiligen Familie» ins Weimarer «Jägerhaus» zurückgekehrt, blieben ihm nur wenige gemeinsame Wochen bis zum neuen Aufbruch ins schlesische Feldlager, wohin ihn Carl August Ende Juli beorderte. Um die Ansprüche gegen Österreich (Herausgabe des Innviertels), gegen Polen (Abtretung von Danzig und Thorn) durchzusetzen, hatte sich Preußen zu einer Demonstration seiner Stärke in Schlesien entschlossen; drei Armeen marschierten in Breslau unter Teilnahme der Herzöge von Braunschweig und Weimar auf, um Leopold II. und seinen Bündnispartner Rußland zu einem Friedensschluß mit der Türkei ohne Gebietszuwachs zu zwingen, in welchem Falle auch Preußen auf seine Forderungen verzichten würde. Goethe, wiederum in eigener Chaise Ende Juli aufbrechend, traf am 2. August in Schloß Zirlau, dem nahe Breslau gelegenen Quartier Carl Augusts, ein, nachdem sich kurz zuvor Preußen und Österreich in der «Konvention von Reichenbach» geeinigt hatten. Noch mußte man auf die türkische Friedenseinwilligung der Hohen Pforte warten. In diesen Tagen entschlossen sich Carl August und Goethe zu einer Reise durch die Grafschaft Glatz, die bis Krakau, Tschenstochau und Wieliczka führte; es war der östlichste Punkt, den Goethe je erreichte. In Tarnowitz fuhren sie unter Tag, besichtigten die abgebauten Erzfelder und sahen die erste Dampfmaschine Europas in Tätigkeit. Auf der Rückreise, bei der sich der Herzog in Breslau wieder von Goethe trennte, bestieg Goethe allein noch am 13. September «bei klarem Wetter» die Schneekoppe, den höchsten Berg des Riesengebirges, und kehrte über Dresden, wo er einige Tage unterbrach, Anfang Oktober wieder nach Weimar zurück.

Es folgte ein «ruhiges, innerhalb des Hauses und der Stadt zugebrachtes Jahr» (*Annalen,* 1791, HA 10,436). Auch in Frankreich schienen sich die politischen Verhältnisse in Richtung einer konstitutionellen Monarchie zu konsolidieren; da machte der mißlungene Fluchtversuch des französischen Königs und seiner Familie im Juli 1791 allen gemäßigten Bestrebungen ein Ende. Ludwigs Gefangennahme löste bei Franz II. von Österreich und Friedrich Wilhelm II. von Preußen die Erklärung von Pillnitz aus, die den Revolutionären mit einer Intervention drohte, wenn nicht die alten feudalen Verhältnisse in Frankreich wiederhergestellt würden – eine Drohung, die gerade alle einigenden Kräfte der bisher «in Parteien gespaltenen» (*C. i. Fr.,* 28. 8. 1792, HA 10,198 ff.) Revolutionäre entband und am 20. April 1792 schließlich zur Kriegserklärung der französischen Nationalversammlung an Österreich führte, die das verbündete Preußen mitverpflichtete. Anfang Juni brach Carl August als preußischer General mit seinem Regiment nach Westen auf, und Goethe, wiederum zu seiner Begleitung gefordert, folgte am 8. August. Über Frankfurt, wo er für wenige Tage die Mutter wiedersah – «gegen mein mütterlich Haus, Bette, Küche und Keller wird Zelt und Marketenderei übel abstechen» (an Friedrich Heinrich Jacobi, 18. 8. 1792, G. Br. 2,150) –, und über Mainz samt einem Treffen mit dem konservativen Freiherrn Carl vom Stein wie mit dem jakobinisch gesinnten Freunde Georg Forster – «von politischen Dingen war die Rede nicht, man fühlte, daß man sich wechselseitig zu schonen habe» (*C. i. Fr.,* 23. 8. 1792, HA 10,189) – fuhr er weiter nach Trier, wo ihm der erste Freiheitsbaum begegnete; und schließlich ins preußische Lager nach Frankreich: «Durch gute und böse Wege [...] bin ich endlich im Lager bei Longwy einige Tage nach Übergabe dieser Festung angelangt [...] es regnet unaufhörlich. Alles schilt auf den Jupiter Pluvius, daß auch er ein Jacobiner geworden», so an den Weimarer Minister Voigt am 27. August. Anders als Carl August fühlte sich Goethe bei diesem Unternehmen als Beobachter, «müßiger Zuschauer», dem «weder am Tode der aristokratischen noch demokratischen Sünder im mindesten etwas gelegen» war (an Friedrich Heinrich Jacobi, 18. 8. 1792, G. Br. 2,150). Aber noch ging der Vormarsch der Verbündeten «trotz bösem Wetter» gut voran. Am 2. September fiel die Veste Verdun, Goethe erlebte Beschießung und Fall aus nächster Nähe; so schrieb er noch zuversichtlich «von der Epoche unseres Einzugs in Paris». Aber im selben Brief vom 10. September heißt es auch schon, daß sich die Unternehmung «in die Länge» zöge (G. Br. 2,153). Zehn Tage später standen sich die feindlichen Heere bei Valmy gegenüber; es kam zu der mehrstündigen Kanonade, die plötzlich von verbündeter Seite abgebrochen wurde. Es trat Stille ein «und ist nun schon sieben Tage still» (an Knebel, 27. 9. 1792, G. Br. 2,156). Die Einsicht, daß man Stärke wie Ausdauer des Feindes deutlich unterschätzt hatte, muß wohl – in eins mit dem «entsetzlichen Wetter», dem «Mangel an Brot» und der sich ausbreitenden Ruhrepidemie – zu dieser völligen Ratlosigkeit geführt haben. Goethe allerdings scheint sich der Endgültigkeit der Zäsur sehr bald bewußt gewesen, sonst hätte er nicht Knebel gegenüber bereits in diesen Tagen das Resumée aus der ganzen Campagne gezogen: «Dieses Musterstück von Feldzug gibt mir auf viele Zeit zu denken. Es ist mir sehr lieb, daß ich, wenn von dieser wichtigen Epoche die Rede ist sagen kann: et quorum pars minima fui» (27. 9. 1792, G. Br. 2,155).

In der Tat begann mit Valmy der Rückzug; schon wieder nach Deutschland unterwegs, heißt es an Voigt: «Wir haben in diesen sechs Wochen mehr Mühseligkeit, Not, Sorge, Elend, Gefahr ausgestanden [...] als in unserm ganzen Leben» (an Voigt, 10. 10. 1792, G. Br. 2,158); und wenige Tage später an

Herder: «[...] ich eile nach meinen mütterlichen Fleischtöpfen, um dort wie von einem bösen Traum zu erwachen, der mich zwischen Koth und Noth, Mangel und Sorge [...] zwischen Trümmern, Leichen, Äsern und Scheishaufen gefangenhielt» (am Herder, 16. 10. 1792). Zwar war der Plan, den Heimweg über Frankfurt zu nehmen, nicht zu realisieren; dank des plötzlichen Rückzugs der Verbündeten hatte das französische Heer über den Rhein vordringen und Speyer, Worms, Mainz und Frankfurt besetzen können. Goethe schlug sich über Luxemburg und Trier durch und erreichte auf einer nicht ganz ungefährlichen Wasserfahrt auf Mosel und Rhein schließlich Düsseldorf (6. November), wo er einen längeren Aufenthalt bei Jacobis in Pempelfort nahm. – Auf dem Wege waren Skizzen zu einem allegorischen Roman entstanden, der die Revolution zum Hintergrund hatte: *Die Reise der Söhne Megaprazons;* aber als Goethe, von Jacobi zu einer Vorlesung aufgefordert, ‹mit seinem Heft hervorrückte›, mußte er bemerken, «daß niemand davon erbaut» war, und so ließ er das weitere «Manuskript auf sich selbst beruhen» (*C. i. Fr.*, November 1792, HA 10,310). Erst am 4. Dezember brach er wieder «aus der herzlichsten Gastfreundschaft» auf und traf, nach einer kurzen Unterbrechung in Münster bei der Gräfin Galitzin (7.–10. Dezember), am 16. Dezember in Weimar ein; er kehrte in sein neues Haus am Frauenplan zurück, das er noch im Juni, vor seinem Aufbruch, bezogen und wo sich seit November auch Heinrich Meyer als Mitbewohner eingefunden hatte.

In Frankreich hatten die Ereignisse inzwischen ihren schnellen Verlauf genommen. Noch Ende September wurde das Königtum abgeschafft und Ludwig XVI. des Landesverrats angeklagt. Mitte Januar 1793 wurde ihm der Prozeß gemacht und nach Abstimmung der Nationalversammlung – 361 Ja- gegen 360 Neinstimmen – das Todesurteil über ihn gesprochen; am 21. Januar fand die Hinrichtung statt. – Schon Anfang September hatte die Ermordung von über 1000 Gefangenen, darunter einer beträchtlichen Anzahl eidverweigernder Priester, der Sympathie für die Revolution in Deutschland großen Abbruch getan, und das Schicksal des Königs tat ein übriges. – Unter den Städten, die nach dem Rückzug der Verbündeten von den Franzosen erobert wurden, war Mainz die einzige, in der sich schon zwei Tage nach der Einnahme (21. Oktober 1792) eine «Gesellschaft der Freunde der Freiheit und Gleichheit» zusammenfand, die versuchte, das erste demokratische Gemeinwesen auf deutschem Boden zu begründen. Am 17. März 1793 konstituierte sich der Nationalkonvent der «Freien Deutschen diesseits des Rheins» und erklärte das Land zwischen Landau, Bingen und Mainz zum «freien unzertrennlichen Staat»; am 30. März schloß sich die Mainzer Republik Frankreich an, aber am 23. Juli wurde Mainz schon wieder von den Alliierten zurückerobert, und damit hatte auch der demokratische Versuch ein Ende. – Auch an der «Belagerung von Mainz» nahm Goethe an der Seite Carl Augusts vom 12. Mai bis 22. August teil. Der tagebuchartige Bericht, den er darüber wie über den französischen Feldzug fast 30 Jahre später (1822) niederschrieb, hat vornehmlich autobiographischen Wert. Da er die eigenen Aufzeichnungen zum überwiegenden Teil schon in Düsseldorf, auf dem Rückweg aus Frankreich, verbrannt hatte, mußte er sich an fremde Quellen, vor allem das Tagebuch Johann Konrad Wagners, des Kammerdieners von Carl August, halten.

Wie schon während des französischen Feldzugs, waren es naturwissenschaftliche Studien, vorwiegend die Farben betreffend, an denen Goethe sich in dieser Zeit wie an einem «Balken im Schiffbruch» festhielt. Dazu trat die Arbeit an dem spätmittelalterlichen Tierepos *Reineke Fuchs,* einer Allegorie über Herrschaft, Macht und Willkür, in der Goethe manche Zeitkritik am Verhalten der Regenten wie an den revolutionären Ideen des Volkes einfließen ließ; mit der Neufassung (vorwiegend der Gottschedschen Übersetzung von 1753) in 12 Gesängen und Umsetzung in Hexameter hatte er schon Ende Januar 1793 in Weimar begonnen und unterzog sie im Feldlager nur noch einer gründlichen Korrektur. Die Beschäftigung mit dieser «unheiligen Weltbibel» (Annalen 1803, HA 10,438) «in der sich das Menschengeschlecht zwar in seiner ungeheuchelten Tierheit [...] aber doch heiter vorträgt» (C. i. Fr., HA 10,354/60), half ihm, sich von den Kriegsgreueln der Nähe wie dem Erschrecken über die immer «blutdürstiger» werdende Revolution in der Ferne zu befreien.

Verbunden mit Schiller

Weimar, Juni 1794–April 1805

1794 trieb der Terror der Revolution in Paris seinem Höhepunkt zu. Robespierre hatte sich unter den neuen Mitgliedern des «Wohlfahrtsausschusses» diktatorisch durchgesetzt. Anfang April ließ er Danton und seine Anhänger guillotinieren. Außerhalb des Landes siegten die Revolutionstruppen in Holland über die Österreicher (26. Juli bei Fleurus), in der Pfalz bei Kaiserslautern über die Preußen (13. Juli). In Jena flackerten die schon 1790 ausgebrochenen Studentenunruhen von neuem auf. Herzog Carl August fürchtete eine «Überpflanzung neufranzösischer Grundsätze auf deutschen Boden» (15. 7. 1792, Carl August an Christian Gottlob Voigt).

Das war die politische Situation Mitte Juni, in der sich Friedrich Schiller, «Professor der Geschichte in Jena», zusammen mit Wilhelm von Humboldt (1767–1835) und dem Historiker Karl Ludwig von Woltmann (1770–1817) zur Gründung der Monatsschrift «Die Horen» entschloß und sich mit der Bitte um Mitarbeit auch an Goethe wandte (13. Juni 1794). Dieser sagte wenige Tage später «mit Freuden und von ganzem Herzen» zu (24. Juni 1794, G. Br. 2,177), und damit begann das Jahrzehnt fruchtbarer Zusammenarbeit, in dem die poetischen Werke, kunsttheoretischen Aufsätze und publizistischen Unternehmungen entstanden, die die Epoche der Klassik in der deutschen Literatur ausmachen. Sie ist bei ausdrücklicher Bezogenheit auf die Antike nicht ohne Beziehung auf die Französische Revolution zu denken.

Goethes Bereitschaft zur Teilnahme an einer von Schiller initiierten Veranstaltung war keineswegs vorauszusehen. Noch 1817 beschrieb er in einem Aufsatz das «glückliche Ereignis» einer Vereinigung mit ihm als etwas, «an das vorher nicht zu denken war»: «die Verbindung zweier Geistesantipoden, zwischen denen mehr als ein Erddiameter die Scheidung» mache. Denn gerade Schiller und die ausgebreitete Wirkung seiner subjektiven Produktionen «von genialem Wert und wilder Form» (*Glückliches Ereignis,* HA 10,538 ff.) waren es, was er für die Isolation seit seiner Rückkehr aus dem «formreichen» Italien verantwortlich gemacht hatte. Mit den «reinsten» an der Antike gewonnenen «Anschauungen» über Kunst und objektive, auf der Naturgesetzlichkeit basierende Kunstgesetze zurückgekommen, um sie im «gestaltlosen Deutschland» mitzuteilen (*Schicksal der Handschrift,* HA 13,102), fand er sich nun «zwischen Ardinghello und Franz Moor eingeklemmt» (*Glückliches Ereignis,* HA 10,538 ff.). Und an dieser Entfernung hatte die durch das Kantstudium gewandelte jüngste Produktion Schillers, der eben 1793 erschienene Aufsatz über *Anmut und Würde,* nichts geändert. Auch hier die Erhöhung des Subjekts auf Kosten der Natur. – Aber auch von Schiller aus war die Ablehnung Goethes noch Ende der 80er, Anfang der 90er Jahre nicht weniger entschieden: «Eine stolze philosophische Verachtung aller Speculation [...] mit einem bis zur Affectation getriebenen Attachement an die Natur und einer Resignation in seine fünf Sinne [...] bezeichnet ihn und seine ganze hiesige Sekte», so Schiller am 12. August 1787 an Körner; noch neidisch gereizter im März 1789: «Dieser Mensch, dieser Göthe ist mir einmal im Wege und er erinnert mich so oft, daß das Schicksal mich hart behandelt hat» (9. 3. 1789 an Körner).

Eine erste Annäherung – nach der «Horen»-Anfrage – fand dann Mitte Juni in Jena statt, als beide nach einem Vortrag in der «Naturforschenden Gesellschaft» in ein naturwissenschaftliches Gespräch kamen, das mit Goethes Darlegung des Metamorphosegesetzes endete. Über dem Streit, ob die «Urpflanze», die nach Goethe aller Pflanzenbildung regelnd innewohnende geistige Bildeform, eine von der Vernunft gesetzte Idee sei, wie Schiller meinte, oder, wie Goethe behauptete, eine aus der Natur gewonnene Erfahrung – über diesem Streit begann auch die Verständigung. Sie vertiefte sich sehr bald durch den Augustbrief Schillers, der Goethe in den Tagen seines Geburtstags erreichte und worin ihm die «Summe seiner Existenz» gezogen zu sein schien. Goethe sah sich hier auf die fruchtbarste Weise erkannt: als «intuitiver Geist» in dem Unbewußten seiner Produktivkraft und als ein «in die nordische Schöpfung geworfener Grieche» in dem unzerrissenen Ganzen seiner Natur, und fühlte sich durch Schillers Teilnahme «zu einem lebhafteren Gebrauch seiner Kräfte aufgemuntert» (27. 8. 1794, G. Br. 2,180). Diesem ersten und einem zweiten Brief Schillers vom 31. August, in dem er sich selbst im Gegensatz dazu in seinem modernen spekulativen Naturell beschrieb, «weltarm», nur ausgestattet mit einer «etwas zahlreichen Familie von Begriffen», folgten in den kommenden Jahren über tausend Briefe und Gegenbriefe, oft in kürzestem Abstand, der letzte von Schiller vierzehn Tage vor seinem Tod am 25. April 1805 geschrieben. Sie dokumentieren das von aller Gefühlsschwankung unabhängige, immer auf Gegenstände und bestimmte Problemstellungen gerichtete Gespräch zweier dichterisch produktiver Geister, das sich um das «Wesen des schöpferischen Prozesses und seiner handwerklichen Mittel» bemüht (Mandelkow: *Goethes Briefe* 2, 546). Die Gegenstände, auf die es sich bezog, waren der Roman *Wilhelm Meister,* der, wie Goethe bekennt, ohne Schillers geistige Teilnahme so nie zustande gekommen wäre; sodann die *Xenien*-Offensive, die gattungstheoretischen Erörterungen, die Kompositionsfragen zu *Faust, Hermann und Dorothea, Wallenstein* und die Kategorisierungen der Farbenlehre. Bei einer nie beseitigten Differenz der Denkweisen – Goethe spricht von «einem nie zu schlichtenden Wettkampf zwischen Objekt und Subjekt» – war das Gespräch fruchtbar für beide Partner. Was Schiller an Realitätssinn gewann, an Mißbehagen am Spekulativen zugunsten einer poetischen Gestaltungskraft – ab 1797 entstand fast in jedem Jahr ein Drama –, das gewann Goethe an Einsicht in den Gebrauch poetischer Mittel und wissenschaftlicher Erkenntnismethoden. Goethe verdankt Schiller nicht nur eine «zweite Jugend» (6. 1. 1798 an Schiller, G. Br. 2,323), insofern er wieder Dichter wurde; Schiller nötigte ihm auch die Auseinandersetzung mit dem spekulativen Denken der neuen Generation auf und bewahrte ihn vor dem Veralten; denn mit der politischen war durch Kant auch eine Revolution des Geistes in Gang gekommen, die auch für die Poesie Epoche machte.

Die Ankündigung in der «Allgemeinen Literaturzeitung», mit der Schiller das Programm der «Horen» mitteilte und zugleich die Namen ihrer 26 Mitarbeiter bekanntgab («die große Anzahl sollte dem Publikum Respekt einflößen»), erschien am 10. Dezember 1794. Es war eine ebenso «achtungswürdige» wie heterogene Gesellschaft sowohl der Generation wie der Gesinnung nach, die sich «zu dem fortlaufenden Werke» verbunden hatte: der 75jährige Canonicus Gleim (1719–1803) in Halberstadt mit dem 27jährigen August Wilhelm Schlegel in Amsterdam (1767–1845) und der royalistisch gesonnene Geheime Rat Jacobi in Düsseldorf neben dem jakobinisch denkenden Professor Fichte (1762–1814) in Jena, um nur einige zu nennen; nicht zu vergessen die für die Rezensionen über die «Horen» so wichtigen Herren Schütz und Hufeland, Leiter der «Allgemeinen Literaturzeitung» in Jena.

Und es war ein unzeitgemäßes Programm, auf das man sich festlegte: Entgegen dem «nahen Geräusch» des «das Vaterland ängstigenden Krieges», entgegen dem «Kampf politischer Meinungen [...] in jedem Zirkel» wollte die Zeitschrift über «den unreinen Parteigeist» hinweg zur «wahren Verbesserung des gesellschaftlichen Zustandes» wirken, indem sie an dem «Bau besserer Begriffe, reinerer Grundsätze, edlerer Sitten» arbeitete. Es ging also auch hier um Verbesserung der gesellschaftlichen Wirklichkeit, aber nicht durch politische Revolution, sondern durch «heitere und leidenschaftsfreie Unterhaltung», die den «durch das beschränkte Interesse an der Gegenwart unterjochten Menschen» wieder «in Freiheit setzte» und «unter der Fahne der Schönheit» «die politisch geteilte Welt» wiedervereinte. – Schon die Ankündigung der «Horen» enthielt also im Entwurf das ganze Schillersche Gegenprogramm zur Französischen Revolution: die «ästhetische Erziehung des Menschen», die als Erziehung zur Freiheit eine politische war: die

Bildung zum freien Bürger des Vernunftstaats mit Hilfe der Kunst. Die ersten neun Briefe, in denen Schiller diese Theorie entwickelte, erschienen in loser Folge im 1. Jahrgang der «Horen», die Briefe 10–27 im Jahr darauf.

Einen programmatischen Beitrag zu demselben Thema – nicht philosophisch-abstrakter, sondern poetisch-metaphorischer Art – lieferte Goethe mit dem Novellenzyklus der *Unterhaltung deutscher Ausgewanderten* (HA 6,125 ff.), der gleichfalls im 1. «Horen»-Jahrgang in fünf Fortsetzungen erschien und die Lösung der sozialen Krise aus der Analogie der Natur entwickelte; auch hier statt Umsturz der politischen Verfassung: Umbildung des geschichtlichen Menschen, aber, im Unterschied zu Schiller, aufgrund seiner geselligen Natur als Glied des in liebender Harmonie verbundenen Kosmos. Es ist die erste Dichtung, in der Goethe seine durch wissenschaftliche Studien gewonnenen allgemeinen Naturgesetze auch auf den Bereich des Menschen anwandte und soziales und geschichtliches Werden in Analogie zum natürlichen stellte. So verstehen die *Unterhaltungen,* kulminierend in dem *Märchen* als ihrem Ende, die Krise im Geschichtlichen als Augenblick des Verfalls im Organischen, als Getrennt-sein von notwendig vereint wirkenden Elementen, und lösen sie im Sinne der Metamorphose, des Stirb-und-Werde-Gesetzes der ganzen Natur. «Mich aufzuopfern ehe ich aufgeopfert werde», ruft die Schlange im *Märchen,* die dieses in Natur und Geschichte gleichermaßen gültige Lebensprinzip vertritt, und spannt sich damit als Brücke zwischen die beiden bisher durch den Fluß getrennten Ufer; das geschieht im selben außerordentlichen Krisenaugenblick («Tod des Prinzen», «drohende Verwesung seines Körpers»), in dem sich dank des Bewußtseins der Not die sonst divergierenden oder isoliert wirkenden Kräfte plötzlich zu gemeinsamem Tun verbinden und neues gesellschaftlich-politisches Leben bewirken: «Ein Einzelner hilft nicht, sondern wer sich zur rechten Stunde vereinigt»: geschichtlich-soziale Epochenwende als organischer Bildungs- und Umbildungsprozeß verstanden. – Mit dem *Märchen* als einem geschichtsphilosophischen Ereignis endet die Rahmenhandlung der *Unterhaltungen* und ihrer sechs darin eingefügten Geschichten; aber auch sie spricht ihrerseits schon von einem solchen Notaugenblick, jedoch im familiär-politischen Bereich: der Flucht einer adligen Familie über den Rheinfluß, der Zerstörung ihrer Geselligkeit durch Parteienstreit im Gespräch (royalistisch/jakobinisch) und ihrer neuen geselligen Verbindung dank des Gesprächs über sechs Geschichten der Liebe.

Es war nicht Goethes einziger politischer Beitrag im ersten «Horen»-Jahrgang; mit dem Aufsatz *Literarischer Sansculottismus* (HA 12,239) reagierte er heftig auf den Vorwurf in einem anonymen Zeitschriftenartikel des Berliner Pfarrers Daniel Jenisch, daß es den Deutschen an «vortrefflich klassisch prosaischen Werken» mangele. Er sprach von «ungebildeter Anmaßung» des «Halbkritikers», «Verdrängung von Besseren um sich an ihre Stelle zu setzen» und wies auf Wieland und «beinahe ein Dutzend unserer besten [Roman-]Autoren» hin. – Die Empfindlichkeit hing wohl vor allem mit Goethes eigener ernster Bemühung um den Roman als Gattung zusammen. Er hatte sich Ende 1793 – wohl unter dem Eindruck der Revolution – erneut entschlossen, das Fragment *Wilhelm Meisters theatralische Sendung* zu Ende zu führen. «Man muß sich mit Gewalt an etwas heften. Ich denke, es wird mein alter Roman werden», so am 7. Dezember 1793 an Knebel (G. Br. 2,174). Noch fehlte ihm alle Leidenschaft; aber was schließlich bei intensiver Teilnahme Schillers entstand und Ende Juli 1796 abgeschlossen wurde, *Wilhelm Meisters Lehrjahre* (*WML*, HA 7), war gewissermaßen ein neuer Romantyp: die Umwandlung einer subjektiven Künstlerbiographie ins Objektive einer Lebens- und Weltbeschreibung am Ende des 18. Jahrhunderts.

Das lag einmal an der ins Klassische veränderten Form: der «klaren» Sprache, die das Volkstümlich-Idiomatische, Drastisch-Unmittelbare des Fragments abgelegt hat, an der gestalteten Komposition, die durch Raffung zu prägnanten Punkten, durch Analogien innerhalb der Handlung, durch Reihenbildung von Personen etwas Morphologisches erhalten hat. Dem Roman als Gattung haben die *Lehrjahre* damit «erst eigentlich zu anerkanntem ästhetischem Rang» in der deutschen

Literatur verholfen (Arthur Henkel, *Kleine Schriften*, 103). – Es lag zum anderen an der veränderten Thematik: Die Welt, als Welt des Theaters, in die Wilhelm im «Fragment» aus der Enge seiner bürgerlichen Kaufmannsherkunft und ihrem platten Nützlichkeitsdenken ausbricht und die ihm die Ausbildung und Selbsterfüllung seiner Person verspricht, hat sich im Roman erweitert; aus der Dichterbiographie Wilhelms ist die Lehrzeit eines poetisch gesonnenen jungen Bürgersmanns der vorrevolutionären Gegenwart geworden; denn es macht die Aktualität dieses Lebensgangs aus, daß keiner der gesellschaftlichen Stände mehr durch seine exemplarische Lebensführung Wilhelm belehren kann: weder der Adel noch das Bürgertum, noch der Stand der Fahrenden und Schauspieler. Es ist nun das Leben selber, fremd und immer wieder in sich hineinziehend, dem Wilhelm sich anvertraut und das ihn durch immer neues Irren lehrt: eine Einweihung ins Leben. So eröffnet sich Wilhelm hinter der Welt des Theaterscheins und der Ausbildung seiner selbst eine neue reale Welt mit in ihr tätigen künftigen Menschen. Von Herkunft Adlige, aber entschlossen, die eigenen Privilegien abzulegen, sind sie es, die die für die Zukunft notwendigen Aufgaben erkennen und zu realisieren unternehmen (Auswanderung nach Amerika, Kultivierung von Land auf Gemeinschaftsbasis); ihnen gesellt sich Wilhelm zu. Der dem Bürgertum Entwachsene begegnet dem aus dem Standesadel sich Losmachenden: Lothario. Beide sind schon durch ein idealisches Vorleben hindurchgegangen: ein «heroisches» im Kampf um die amerikanische Freiheit der eine, der andre ein «ästhetisches» unter der Leitung Shakespeares. In ihrer beider Vereinigung und der Bildung zu einer die Ständetrennung überwindenden tätigen Menschenart von «Weltbürgern» entwirft der Roman am Ende eine zukünftige gesellschaftliche Entwicklung, die ohne das zerstörerische Moment der Revolution auskäme.

Die Wirkung der *Lehrjahre* (4 Bde., Bln. 1795/96) ging nicht ins Breite, aber ihre außerordentliche Hochschätzung verband für wenige Jahre die klassische Literaturrichtung (Goethe, Schiller, Humboldt, Herder) mit der in dieser Zeit aufkommenden romantischen Richtung der jüngeren Generation (Brüder Schlegel, Tieck, Novalis, Fichte, Schelling). Stärkster Ausdruck dieser Übereinstimmung war die Rezension Friedrich Schlegels im «Athenäum» 1798, die zu den besten Arbeiten deutscher Kritik überhaupt gehört.

Schon um die Jahreswende 1795/96 war der Mißerfolg der «Horen» für Herausgeber wie Verleger deutlich: Die Abbestellungen der Abonnements häuften sich, kritische Stimmen über die «Anmaßung» der «Ankündigung», «besser zu sein, als die übrigen Journale» (Horen 1,1), wurden laut; von Schillers «Ästhetischen Briefen» hieß es, da «treibe sich ein Häufchen Schriftsteller in seinem engen Kreise herum» (*Annalen der Philosophie,* Oktober 1795). Goethes Reaktion auf die mangelnde Urteilsfähigkeit bei Kritik wie Publikum war so gereizt, daß er Schiller noch Ende des Jahres vorschlug: «auf alle Zeitschriften Epigramme [...] zu machen wie die Xenia des Martials» (23. 12. 1795, G. Br. 2,210 f.). Schiller fand den Gedanken «prächtig» und meinte nur, «wenn wir das Hundert voll machen wollen, werden wir auch über einzelne Werke herfallen müssen und welcher reichliche Stoff findet sich da» (29. 12. 1795). So entstanden im Laufe des Jahres 1795 über 900 Xenien an wechselnde Adressaten: gegen kritische Rezensenten der «Horen» wie den Musiker Johann Friedrich Reichardt (1752–1814) und den Gymnasialdirektor und Kritiker Friedrich Manso (1760–1826); gegen Vertreter leidiger Zeit- und Geistesrichtungen, Berliner Aufklärer, Newtonianer, Jakobiner, neue Frömmler; schließlich gegen die ganze Mittelmäßigkeit des Zeitgeschmacks. Allerdings fanden sich zum Ausgleich gegen die scharfen auch Xenien allgemeinen Inhalts, sogenannte «Votivtafeln» zu Fragen der Philosophie, der Politik, der Lebensführung. Als dann ein Teil von diesen zweizeiligen Distichen im Oktober 1796 im Schillerschen Musenalmanach anonym erschien (414 Xenien, 103 Votivtafeln), waren sie «aller Welt ein Ärgernis». «Alles ist in Aufruhr über diese Unverschämtheit» (30. 10. 1796, Böttiger an Schulz, Bode 2,81); sehr schnell «schneit es Gegenepigramme» gegen «die Sudelköche in Jena und Weimar» (Anti-Xenien von Dyk und

Manso 1796), «die sich das Monopol über Geschmack und deutsche Literatur anmaßen wollten». – Damit war das Ende der «Horen» endgültig vorgezeichnet; sie überlebten nur noch die nächsten beiden Jahre; zum 2. Jahrgang lieferte Goethe noch die Übersetzung einiger Teile der Selbstbiographie des *Benvenuto Cellini* und die deutsche Fassung eines Aufsatzes der Madame de Staël, *Versuch über die Dichtungen;* aber mit dem 12. Heft des 3. Jahrgangs 1797 ließ Schiller die «Horen» «selig einschlafen» (26. 1. 1798 an Goethe).

Daß ein solches Strafgericht auch die Gerichthaltenden verpflichtete, war Goethe bewußt. «[. . .] nach dem tollen Wagestück mit den Xenien», schrieb er am 15. November 1796 an Schiller (G. Br. 2,244) «müssen wir uns» «zur Beschämung aller Gegner» «bloß großer und würdiger Kunstwerke befleißigen». In der Tat folgte für beide in den kommenden Jahren bis zu Schillers Tod eine Periode reicher Produktivität an lyrischen, epischen und dramatischen Werken wie an kunsttheoretischen Aufsätzen. Die Dichtungen dieses vom wechselseitigen Gedankenaustausch geprägten klassischen Jahrzehnts gründen insgesamt in der immer bewußteren Forderung nach Objektivität, die aus der Erfahrung der Natur und der antiken Kunst hervorgegangen war. Dabei wurde die griechisch-römische Poesie nur für eine begrenzte Gruppe eigentlich klassizistischer Dichtungen direkt vorbildlich: in der Nachahmung der Gattungen, der Versmaße, der Stoffe (Elegie, Idylle, Epigramm, Epos); tiefer war der Einfluß auf Geist und Stil der neuen Produktionen, der auch die eigenen nationellen Formen mit der am Altertum orientierten Gegenständlichkeit und sinnlichen Faßlichkeit durchdrang. Dabei ging es weniger um Nachahmung der antiken Dichtung als um Erneuerung der modernen im antiken Geist. So war das erste, worin sich die neue Produktivität konzentrierte, die Schöpfung der Ballade als der Gattung, die vom Gegenständlichen der Fabel bestimmt ist. Schon zwischen Ende Mai und Anfang Juli 1797 entstanden sowohl Goethes große erzählende Gedichte *Der Schatzgräber, Legende, Die Braut von Korinth, Der Gott und die Bajadere, Der Zauberlehrling* (HA 1,265; 266 f.; 268 ff.; 273 ff.; 276 ff.) wie auch die großen Balladen Schillers und erschienen als erstes Gegenstück zu den *Xenien* im *Musen-Almanach für das Jahr 1798* (dem «Balladenalmanach»). Es entstanden im selben Jahr 1796 und in den beiden folgenden Jahren Goethes in Distichen abgefaßte Elegien, *Alexis und Dora* (1796, HA 1,185 f.), *Der neue Pausias und sein Blumenmädchen* (1796), *Hermann und Dorothea* (1796, HA 1,197 f.), *Amyntas* (1797, HA 1,196 f.), *Euphrosyne* (1798, HA 1,190 ff.) *Metamorphose der Pflanzen* (1798, HA 1,199 ff.); und es entstand schließlich als wichtiger Gedichtzyklus 1798 *Die Weissagungen des Bakis,* Goethes erneuter Versuch, die geschichtliche Revolution naturgesetzlich, jetzt als «Bändigen und Entlassen der Elemente» (*Versuch einer Witterungslehre,* HA 13,308 f.) zu verstehen. Als episches Gedicht wurde schon 1797 *Hermann und Dorothea* verfaßt (HA 2,437 ff.), 1799 die *Achilleis* schematisiert (HA 2,515 ff.) und in 571 Hexameterversen ausgeführt. Schließlich kamen zwischen 1798 und 1804 die großen Dramen Schillers in Weimar zur Uraufführung, wie auch Goethes *Natürliche Tochter* (HA 5,215 ff.), als Trilogie entworfen, 1803 im ersten Teil aufgeführt wurde.

Diese klassische Epoche fiel glücklicherweise in eine Zeit größerer politischer Beruhigung. Nach dem Sturz Robespierres, noch im selben Sommer 1794, da Schiller die «Horen» ankündigte, hatte sich im September 1795 die sogenannte «Direktorialregierung» gebildet, die bis zu ihrer Auflösung durch Napoleon am 9. November 1799 regierte. Preußen hatte sich aus dem Bündnis mit Österreich gelöst und am 5. April mit Frankreich in Basel einen Sonderfrieden geschlossen. Am 29. Dezember 1795 konnte Kursachsen dem preußisch-französischen Friedensvertrag beitreten, der auch Sachsen-Weimar bis zum Herbst 1806 den Frieden sicherte.

Mit dem Ende der Revolution und dem zunehmenden Abstand von ihr zeichnete sich auch in Goethes Verhältnis eine gewisse Änderung ab; zwar erklärte er später im Alter (1817) alle seine Bemühungen um die ‹dichterische Gewältigung› «dieses unübersehbaren Gegenstands» für ‹unnütze Verzehrung›; dennoch lassen die nun folgenden poetischen Versuche ein angemesseneres Ergreifen der Thematik (*Achilleis, Die natürliche Tochter*), eine gewichtigere Beurteilung der Wirkung der Revolution erkennen *(Hermann und Dorothea).* Nachdem Goethe nämlich im *Bürgergeneral* und in den *Aufgeregten* sie nur als politische Satire in ihrer deutschen Verzerrung behandelt und in den *Unterhaltungen* und im *Wilhelm Meister* gewissermaßen ein Gegenprogramm zu ihr entwickelt hatte, erfaßte er in *Hermann und Dorothea* die Revolution zum ersten Mal als veränderndes geschichtliches Faktum. Denn ohne Zweifel ist es der Kampf und das Sterben für die Werte der Revolution von Dorotheas erstem Bräutigam, was in Hermann, ihrem zweiten Verlobten, die neue Verantwortung für Öffentlichkeit und Vaterland auslöst und ihn von einem engen Kleinbürger zu einem verantwortlichen Staatsbürger, einem Citoyen, macht. Es war nur wenige Wochen nach Beendigung des *Meister*-Romans (26. Juni 1796) – die *Xenien* waren noch nicht erschienen (Oktober 1796) –, daß Goethe am 9. September mit der Arbeit an diesem epischen Gedicht begann und bereits am 19. September die ersten sechs Gesänge beendet hatte. Schiller erzählte, mit welch unbegreiflicher Leichtigkeit «Goethe neun Tage lang hintereinander jeden Tag anderthalb Hundert Hexameter niedergeschrieben» habe. Das im April 1797 fertiggestellte und mit Hilfe Wilhelm von Humboldts metrisch überarbeitete Epos konnte dann, nach Veränderung der Einteilung von sechs in neun Bücher und Ergänzung der sachlichen Überschriften der einzelnen Bücher durch die Namen der neun Musen als Doppeltitel, im Oktober 1797 bei Vieweg in Berlin erscheinen. Der Verleger hatte das Gedicht sogleich in fünf verschiedenen Ausstattungen vom Maroquineinband bis zum Taschenbuch herausgebracht, um sich für das horrende Honorar von 1000 Talern, das er dem Autor zahlte, zu entschädigen; eine große Summe in der Tat – aber kaum zu groß, gemessen an dem Erfolg, den das Gedicht in kürzester Zeit erreichte. Allein zu Goethes Lebzeiten erfuhr es 30 Einzelausgaben, schon 1804 war es ins Dänische, Französische, Englische, Italienische, 1822 ins Lateinische, 1823 in den ersten beiden Gesängen sogar ins Griechische übertragen. Es tat eine Wirkung, wie Goethe sie nur beim *Werther* erfahren hatte; es wurde zum Hausbuch des deutschen Bürgertums im 19. Jahrhundert und hat erst später mancher falschen Ideologisierung Vorschub geleistet.

Die Rezeption beruhte vermutlich zum Teil auf einem Mißverständnis: Was man als Feier einer bürgerlichen Familienidylle nahm, war in Wahrheit der krisenhafte Prozeß einer Erneuerung des Bürgerlichen aus der Beschränktheit stockenden, egoistisch-privaten Denkens zu Aufgeschlossenheit für das Neue und Verantwortung fürs Allgemeine. – Goethes neu erwachtes Interesse am Bürgertum und seiner nachrevolutionären Rolle machte sich wie hier auch weiterhin bemerkbar. Eine Sammlung «französischer satyrischer Kupferstiche», die ihm auf der Schweizer Reise im Spätsommer 1797 in Frankfurt angeboten wurde und die die neue bürgerliche Gesellschaft in über 200 Stichen festhielt, erregte Goethes ganzes Interesse; an 55 von ihm selbst ausgewählten Skizzen, geplant für eine Veröffentlichung in den «Horen», später in den «Propyläen», beschrieb er vor allem die heraufkommende bürgerliche Jeunesse dorée – die Incroyables in ihrer modischen Gekkenhaftigkeit –, auch Napoleon, Eroberer Italiens, erschien unter ihnen. Und aus derselben Problematik adliger und bürgerlicher, heroischer und familiärer Existenz lebt auch die *Achilleis* und in anderer Weise *Die natürliche Tochter.*

Achill, mit dem ihm vorbestimmten heroischen Tod durchaus versöhnt, versucht durch die plötzliche Liebe zu Polyxena in ein privates Glück auszuweichen, doch vergebens; die «natürliche Tochter» Eugenie, in ihrer Illegitimität Repräsentantin des wahren Naturadels, Prinzip des Edlen als unbedingter Hingabe an den Herrscher als das Höhere, glaubt ihr bedrohtes Leben in einer Ehe mit dem bürgerlichen Gerichtsrat retten zu können, muß sich aber doch – so die Skizzen zum 2. und 3. Teil – in der Hingabe an den König erfüllen.

Was diese noch so unterschiedlichen Werke miteinander verband, war der bestimmte klassische Kunstwille, der sich von Anfang an auch in theoretischen Abhandlungen begründete. Die klassische Theorie reicht in ihren Wurzeln einerseits über Lessing zurück auf Winckelmann und seine Anschauung von der Normativität der griechischen Kunst; sie stützt sich andererseits auf Kants eben erschienene *Kritik der Urteilskraft* (1790), die dem Ästhetischen gegenüber dem Sittengesetz und der Wissenschaft seine transzendentale Eigenständigkeit sicherte. Im Unterschied zu Schiller aber, für den in den Kantschen Erörterungen die interesselose Erfahrung des Schönen im Vordergrund stand, kam Goethe und seinen in Italien gewonnenen Anschauungen Kants Lehre von der Empfindung des Schönen und seiner Darstellung in der bildenden Kunst entgegen, die denselben Gesetzen unterliege wie die Bildung des Naturschönen. Das hieß jedoch nicht der traditionellen Auffassung von der Kunst als «Nachahmung der Natur», Abbildung des empirisch Zufälligen, das Wort reden: Gegenstand der Kunst war für Goethe dasjenige Schöne, das in dem morphologischen Bildeverfahren der Natur gründete, das Schöne als «eine Manifestation geheimer Naturgesetze, die uns ohne dessen Erscheinung ewig wären verborgen geblieben» (*Maximen und Reflexionen,* 183, HA 12,467). Daneben aber galt ihm für den bildenden Künstler weiterhin die Winckelmannsche Devise von der «Nachahmung der griechischen Werke» (1755), weil wir die Schönheit aus diesen «erst kennen lernen, um sie an den Gebilden der lebendigen Natur gewahr zu werden» (*Winckelmann und sein Jahrhundert,* HA 12,103).

So war es nur folgerichtig, daß Goethe seine Theorie vornehmlich an der bildenden Kunst erläuterte, wobei die Prinzipien zugleich auch immer für den Schriftsteller und Musiker gelten sollten. Hierfür gründete er 1798 mit Heinrich Meyer, dem befreundeten Kunsthistoriker, eine Zeitschrift, die «Propyläen». Das Vorhaben war schon auf der Schweizer Reise gefaßt, zu der Goethe am 30. Juli 1797 aufgebrochen war und auf der er Mitte September mit Meyer in Stäfa, dessen Heimatort, zusammentraf. Meyer hatte in Goethes Auftrag seit Herbst 1795 in Italien reiches Material über den Natur- und «Kunstkörper Italien» gesammelt, das, in Aufsätzen verwertet, publiziert werden wollte. Durch Schillers Vermittlung kam es am 2. Mai 1798 zu einer konkreten Verabredung mit Cotta und Ende des Jahres zum Erscheinen des ersten Hefts der Zeitschrift. Die *Propyläen* wurden als Periodikum mit etwa zwei Folgen jährlich geplant und traten als Sprachrohr eines kleinen Kreises Gleichgesinnter auf, zu denen außer Goethe und Meyer, den späteren «Weimarer Kunstfreunden» (WKF), als Verfasser gelegentlicher Beiträge auch Schiller und Wilhelm und Caroline von Humboldt gehörten. Die Zeitschrift hatte die Schaffung eines gebildeten deutschen Kunstpublikums zum Ziel, im engeren Sinne die praktische Bildung des Künstlers. In den wichtigsten Beiträgen Goethes (*Über Laokoon* 1,1, *Über Wahrheit und Wahrscheinlichkeit der Kunstwerke* 1,1, *Diderots Versuch über die Malerei* 1,2 und 2,1, *Der Sammler und die Seinigen* 2,2, HA 12,56 ff.), vor allem jedoch in der programmatischen «Einleitung» Goethes, wurde der Künstler sowohl auf das Studium der Natur verpflichtet wie auf die «ungeheure Kluft» hingewiesen, die die Kunst von der Natur trennt, auf daß er zwar «wetteifernd mit der Natur» dennoch «etwas Geistig-Organisches hervorbringe», das «natürlich zugleich und übernatürlich erscheint». Daher Goethes in den weiteren Aufsätzen beständiges Bemühen um das Kunstgemäße: die Wahl des Gegenstands, die Erfassung des fruchtbaren Augenblicks, die Bestimmung der Kunstarten, die Abwehr des «Naturalism», um Proportionen und Harmonie der Farben. – Schon Mitte 1799 wurde die geringe Resonanz der Zeitschrift deutlich; von den 1300 Exemplaren der 1. Auflage wurden kaum 450 abgesetzt. Preisaufgaben (ab 1799) mit Themen aus der klassischen Dichtung brachten nicht den eigentlichen Erfolg. Während die Zeitschrift schon im November 1800 ihr Erscheinen einstellen mußte (nachdem drei Bände mit je zwei Folgen zustande gekommen waren), wurden die Preisaufgaben und die ihnen gewidmeten Weimarer Kunstausstellungen noch bis ins Jahr 1805 fortgesetzt.

Das Frühjahr 1805 war dann auch das Datum, an dem das Dokumentarbuch *Winckelmann und sein Jahrhundert* (Tüb. 1805, HA 12,96 ff.) veröffentlicht wurde. Anlaß dazu gaben die vertraulichen Briefe Winckelmanns an den Freund Hieronymus D. Berendis (1720–1783), den Geheimsekretär der

Herzogin Anna Amalia, die sie Goethe 1799 zur Publizierung übergeben hatte. Goethes eigener Beitrag, die erste der drei «Skizzen zu einer Schilderung Winckelmanns» (es folgen die von Meyer und Friedrich August Wolf), ist ein Bekenntnis zu Winckelmanns «antiker Natur» als dem Glücksfall eines Menschen von epochemachender Wirkung; er ist zugleich ein Nachruf auf die kurze klassische Epoche, mit der sich, dank dieses außergewöhnlichen Geists, eine «höhere Kultur der neuern Zeit» *(Winckelmann und sein Jahrhundert)* eben anzubahnen schien. Er enthält schließlich eine latente Polemik gegen die Romantik, die indessen Geschmack und Geist der Zeit auf ihrer Seite hatte.

Unter Napoleon

Weimar, Mai 1805–Juni 1814

Goethe, eben selber von schwerer Nierenkolik genesen, hatte Schiller noch am 1. Mai bis vor sein Haus begleitet, nicht ahnend, daß er ihn zum letztenmal sähe: am 9. Mai war Schiller tot. Es fiel Christiane zu, Goethe am Morgen des 10. Mai endlich die Nachricht mitzuteilen; wortlos soll er sich abgewendet und geweint haben. Erst Wochen später vertraute er Zelter im Brief an, was er durch diesen Tod verloren hatte: «Ich dachte mich selbst zu verlieren, und verliere nun einen Freund und in dem selben die Hälfte meines Daseins» (1. 6. 1805, G. Br. 3,7). Die Lebenszäsur war ohnegleichen. Goethes erste Antwort auf den Verlust war der Entschluß, Schillers Fragment gebliebenes Demetrius-Drama zu vollenden, ein Versuch, der mißlang. Auch ein weiteres Andenken zu Ehren des Freundes, der zehnstrophige Epilog zu Schillers *Glocke,* den Goethe zu deren szenischer Darstellung am 10. August auf dem Lauchstädter Theater verfaßte, geriet eher konventionell. Erst 20 Jahre später (1826) ist ihm ein echtes Requiem für den Freund geglückt: Als Schillers Grabstätte, das Kassengewölbe auf dem alten Weimarer Jakobsfriedhof, aufgelöst wurde und Schillers Schädel, zeitweise im Sockel der Danneckerbüste, für eine Zeit auch in Goethes Haus aufbewahrt wurde, entstanden die Verse: «Im ernsten Beinhaus war's, wo ich beschaute [. . .]» (HA 1,366), wo ihm Schillers Schädel unter den vielen anderen kenntlich wird, indem hier das Geheimnis des Schöpfers offenbar wurde: wie Geist sich zur Form verfestigt und sich wiederum in der Schädelform der Geist bewahrt.

Erst nach Wochen erneuter Krankheit und einer Reise ins Hallische und in den Harz, die die Kräfte leidlich herstellte, konnte sich Goethe zu eigener Arbeit entschließen. Die galt einmal der Farbenlehre (HA 13), die ihn nun schon seit 15 Jahren beschäftigt hatte und durch Schillers Anteilnahme kräftig gefördert war; sie galt zum anderen dem *Faust*-Fragment, an dem Goethe auf Schillers Betreiben seit Juni 1797 die Arbeit wiederaufgenommen hatte («Unser Balladenstudium hat mich wieder auf diesen Dunst- und Nebelweg gebracht», 22. 6. 1797 an Schiller) und das er endlich am 22. April 1806 vollendete. Allerdings hatte es auch in dieser Zeit noch einmal eine fünfjährige Arbeitspause gegeben. Es waren zwar noch in denselben Junitagen 1797 die Stanzen der «Zueignung» und das «Vorspiel auf dem Theater» entstanden, nach einem längeren Quellenstudium für die «Walpurgisnacht» auch der «Prolog im Himmel» und der «Osterspaziergang», die Beschwörung des Mephisto und die Wette mit ihm, die endgültige Fassung der Valentinszene und der Walpurgisnacht wie auch die Versifikation der Kerkerszene (bis Januar 1801). Aber erst am 3. März 1806 nahm Goethe die Durchsicht des Ganzen wieder auf und übergab schließlich im Mai 1806 das druckfertige Manuskript dem gerade in Weimar anwesenden Cotta (1. Druck 1808 als *Faust 1. Teil* im 8. Band der 13bändigen Ausgabe 1806–1810, HA 3,9 ff.). – «Vom Himmel durch die Welt zur Hölle» – äußerte Goethe später unwillig auf Befragen (6. 5. 1827 zu Eckermann) –: das wäre allenfalls ein für den Faust zusammenhängendes Thema. Und in der Tat, nach der Wette um Faust zwischen dem «Herrn» und Mephisto im Himmel und Fausts Gelehrtentragödie samt seinem Pakt mit dem Teufel auf der Erde endet der neue Lebenslauf des verjüngten und verliebten Doktors sehr schnell in der Katastrophe. Mit dem Wunsch, um «Wohl und Weh» der «ganzen Menschheit» das eigne Selbst zu erweitern, hatte er sich bald an Gretchen, am Tod der Mutter, des Bruders und des eignen Kindes schuldig gemacht und schien der eignen inneren Hölle verfallen: Fausts neue Erfahrung der Welt schien rasch ans Ende gekommen, Mephisto Sieger beider Wetten zu werden. Doch das war noch nicht des Dichters letztes Wort.

Nur wenige Wochen später (30. Juni 1806) brach Goethe zusammen mit Friedrich Wilhelm Riemer (1774–1845), dem

Philologen, der seit drei Jahren sein Sekretär war, nach Karlsbad auf, um dort sein Nierenleiden zu kurieren. Wie schon im Vorjahr (1805), als er nach zehnjähriger Pause das Bad zum erstenmal wieder aufgesucht hatte, war auch in diesem Jahr der polnische und der russische, der preußische und der österreichische Adel versammelt und mit seinen schönen Frauen glanzvoll vertreten; ja, es lebte sich dieses Mal außergewöhnlich gut in Österreich, weil hohe Kriegsschuldzahlungen an Frankreich inflationäre Verhältnisse geschaffen hatten und die Ware für den Ausländer billig zu erwerben war: «Karlsbad gab damals das Gefühl als wäre man im Lande Gosen» (*Annalen* 1806). Andererseits war die Weltlage so angespannt, daß die politischen Ereignisse das Badgespräch beherrschten.

Schon im Vorjahr 1805 war Österreich, als einer der Verbündeten im dritten Koalitionskrieg, bei Ulm, später bei Austerlitz von den Franzosen überlegen geschlagen worden, so daß es Ende des Jahres nur noch den schmählichen Frieden von Preßburg schließen konnte. Inzwischen aber hatte Napoleon am 12. Juli 1806 den Rheinbund konstituiert, durch den er die Könige von Bayern und Württemberg wie auch die Großherzöge von Baden, Hessen-Darmstadt und Berg und zehn weitere deutsche Fürsten verpflichtet und deren Streitkräfte seiner Verfügung unterstellt hatte. Damit war die alte Reichsverfassung aufgelöst, am 6. August 1806 legte Franz II. die deutsche Kaiserkrone nieder und erklärte das Ende des Heiligen Römischen Reiches deutscher Nation. – Preußen war dem Rheinbund bisher nicht beigetreten; seit 1795 unter den Bedingungen des Basler Sonderfriedens mit Frankreich lebend, war es von den kriegerischen Ereignissen der letzten zehn Jahre verhältnismäßig unbetroffen geblieben; aber nun, da sich Napoleon als Protektor Süd- und Westdeutschlands fühlte und diese Länder mit seinen Truppen überschwemmte, mißachtete er 1805 die Grenzen des zu Preußen gehörenden neutralen Ansbach und bot das gerade Preußen zugeschlagene Hannover 1806 wieder England an. Das war die Situation, in der sich Preußen gezwungen sah, nach Rückversicherung bei Rußland, Kursachsen und Sachsen-Weimar, Frankreich den

Krieg zu erklären. Am 8. Oktober 1806 stellte es sein Ultimatum (Abzug der französischen Truppen aus Süddeutschland, Einwilligung zur Bildung eines norddeutschen Bundes) und erfuhr schon am 14. Oktober in der Schlacht von Jena und Auerstedt seine fast tödliche Niederlage.

Obwohl die Ereignisse für Goethe nicht ganz überraschend kamen, waren sie in ihren Auswirkungen doch erschütternd. «Früh Kanonade bey Jena. [. . .] abends um 5 Uhr flogen die Kanonenkugeln durch die Dächer [Weimars]. Um ½6 Einzug der [französischen] Chasseurs. 7 Uhr Brand, Plünderung, schreckliche Nacht.» (Tgb. 14. 10. 1806) Ohne Zweifel traf das Unglück die einzelnen unterschiedlich: Während Frau von Stein gänzlich ausgeraubt, der Maler Kraus mißhandelt wurde, so daß er wenige Tage danach starb, konnte Goethe den Jenaer Freunden melden: «Was mich betrifft, so sind wir durch viel Angst und Not auf das Glücklichste durchgekommen. In meinem Hause ist nichts versehrt.» Dennoch müssen in dieser Nacht – nach Riemer – betrunkene französische Marodeure bis in Goethes Schlafzimmer vorgedrungen und sein Leben bedroht haben; und es war Christianes tapferem Eingreifen zu verdanken, daß die Wütenden den Hausherrn verschonten. – Dieses Verhalten ist wohl einer der Gründe, daß Goethe sich mit ihr wenige Tage danach (19. Oktober) in der Sakristei der Stadtkirche von Hofprediger Günther trauen ließ. August, der sechzehnjährige Sohn, und Riemer waren Trauzeugen.

Gefährlicher als die Situation für den Einzelnen war jedoch die für das Land im ganzen: Immerhin stand der regierende Herzog als befehlender General auf seiten des preußischen Feindes. Zwar war Carl August selbst samt dem Erbprinzen in das unbesetzte Mecklenburg ausgewichen und von Napoleon nicht zur Rechenschaft zu ziehen, aber es bedurfte nur dessen Anweisung, um Sachsen-Weimar auszulöschen – nach dem Muster des Herzogtums Braunschweig, das damals um des Bruders des Regenten willen, des preußischen Oberbefehlshabers Ferdinand von Braunschweig, als Land getilgt und dem Herzogtum Hannover zugeschlagen worden war. – So war es vor allem der mutigen Haltung der Herzogin Luise, die allein im Schloß verblieben war, und ihrem geschickten Rede- und Antwortstehen zu verdanken, daß sich Napoleon mit harten Forderungen begnügte: Ausscheiden des Herzogs aus dem preußischen Militärdienst, Zahlung von 220 000 Franken als Kriegssteuer, Beitritt zum Rheinbund und Stellung eines Kontingents von 800 Soldaten.

Obwohl die Not also groß war, versuchte man doch im Lande so schnell wie möglich friedliche Verhältnisse herzustellen. Das Theater wurde noch im selben Jahr wiedereröffnet, eine der ersten großen Vorstellungen galt der Uraufführung des *Tasso* (16. Februar 1807); die Universität Jena begann noch im selben Winter ihren Lehrbetrieb, wie auch die Bibliotheken und Institute in Weimar und Jena, die Goethes Aufsicht unterstanden, schnell wieder in Gang gebracht wurden.

Auch Goethes eigene literarische Tätigkeit stand ganz unter dem Eindruck der politischen Situation. Die erste und «größte Sorge» galt der Rettung seiner «Papiere», dem Ordnen und der beschleunigten Redaktion der Manuskripte: «Die Tage des Zauderns sind vorbey» (24. 10. 1806, G. Br. 3,30), so Goethe schon zehn Tage nach der Jenaer Schlacht an Cotta, mit dem er ja im Vorjahr die neue 13bändige Werkausgabe beschlossen hatte: «mit der montägigen fahrenden Post geht nicht allein Elpenor an Sie ab, sondern es folgt auch der 5., 6., 7. Teil meiner Werke.» Als Antwort auf die verworrene Tagesrealität war auch die erneute Beschäftigung mit der Naturwissenschaft und ihrer den Tag überdauernden Gesetzlichkeit zu verstehen, die nun wieder vermehrt einsetzte: mit der Morphologie (neue schriftliche Fixierung des Metamorphosegesetzes der Pflanzen wie der Wirbeltheorie der Säugetiere) wie auch mit der Farbenlehre (in Gang setzen der Drucklegung des didaktischen Teils bei Frommann in Jena, vermehrte Beschäftigung mit dem polemischen und historischen Teil), die endlich am 10. Mai 1810, seinem «Befreiungstag», abgeschlossen und im selben Jahr bei Cotta gedruckt wurde.

Schließlich gründete selbst die poetische Produktion der nächsten Jahre: das dramatische Festspiel *Pandora* (HA 5,332) wie der Roman *Die Wahlverwandtschaften*

(HA 6,242 ff.) nach Goethes eigenen Worten in dem Moment einer Krise. «Pandora sowohl als die Wahlverwandtschaften drücken das schmerzliche Gefühl der Entbehrung aus und konnten also nebeneinander gar wohl gedeihen» (*Annalen* 1807, HA 10,500). – Was in der *Pandora* entbehrt wird, ist sie selber, die Allegorie der Schönheit, die mit ihrer Anwesenheit Sinnerfüllung ins Leben des Einzelnen, Kunst, Wissenschaft, Kultur ins Leben der Völker bringt, wie sie der Gegenwart fehlen. Schon einmal in vergangener Zeit (so zu Zeiten der griechischen Kultur) auf der Erde anwesend, mußte sie sich auf Grund falschen Verhaltens der Menschen von ihnen zurückziehen und lebt nun nur noch in der sehnsuchtsvollen Erinnerung des Gatten Epimetheus weiter. Ihre Abwesenheit ist daher die Zeit, in der das Drama spielt. Dem der geliebten Entschwundenen nachtrauernden Epimetheus, dem untätig Träumenden, steht der ganz gegenwärtige-tätige, blind aufs Nützliche bedachte Bruder gegenüber, der Werkzeug schmiedende, waffenfertigende Prometheus, der Pandora einst als Gemahlin abwies: zwei polare, einzeln unfruchtbare Haltungen, die erst in der Vereinigung das schöne Leben der Völker herbeiführen können, das Pandoras Wiederkunft als Zukunft bedeutet: – ein Dreischritt geschichtlicher Bewegung nach dem Gesetz der Natur, wie es die Farbenlehre § 739 formuliert: «Das Geeinte zu entzweien und das Entzweite zu einigen ist das Leben der Natur» (HA 13,488).

Der Plan zu dieser Geschichtsutopie entstand offenbar schon 1806 im Karlsbader Sommer (Tgb., 27. 7. 1806); aber erst der Besuch der Wiener Schriftsteller Leopold von Seckendorff (1775–1809) und Johann Ludwig Stoll (1778–1815) am 25. Oktober 1807 brachte ihn in Gang. Auf die Bitte um einen Beitrag in ihrer neu gegründeten Zeitschrift «Prometheus», die das Ziel hatte, «dem geschlagenen Deutschland zu einem neuen geistigen Aufbruch zu verhelfen», antwortete Goethe zusagend. Tagebucheintragungen bis in den Juni 1808 zeugen vom Fortgang der Arbeit; im Taschenbuch der Zeitschrift auf das Jahr 1810 erscheint dann der erste Teil des Dramas unter dem Titel *Pandora;* über «Pandorens Wiederkunft Zweiter Teil» ist zwar ein ausführliches Schema aus dem Mai 1808 erhalten, das aber niemals ausgeführt wurde.

Hand in Hand mit der Arbeit am Drama ging seit April 1808 die an dem neuen Roman, der zunächst als eine «der kleinen Erzählungen» konzipiert war, wie sie dann in *Wilhelm Meisters Wanderjahre* Aufnahme fanden (*Der Mann von funfzig Jahren, Die neue Melusine, Die pilgernde Törin*). Allein der Stoff der *Wahlverwandtschaften* war offenbar «allzu bedeutend» (Annalen 1807, HA 10,498), als daß er sich nicht bald ausdehnte. Schon in Karlsbad, Ende Mai 1808, begann Goethe mit der Niederschrift, im April 1809 wurde bereits der erste Teil des Romans «im Zirkel der Herzogin» Luise vorgelesen, der Druck fing noch im August desselben Jahres an, ohne daß das Romanende schon feststand. Ende September war der erste Teil ausgedruckt, noch im Oktober 1809 erschien der zweite Teil.

«Entbehrung», das «schmerzliche Gefühl», aus dem sich auch die Romanereignisse herleiten sollen, gründet hier ebenfalls im weiteren Sinne in der Krise der Zeit: in der ökonomischen und sittlichen Erschütterung des deutschen Landadels in der Epoche zwischen der Französischen Revolution und den preußischen Reformen. Der niedere Landadel, dem Eduard, eine der vier Hauptfiguren, angehört, längst schon politisch bedeutungslos geworden, ist nun auch genötigt, sich dem neuen ökonomischen Wandel anzupassen. Die Absicht Charlottes, der Gattin Eduards und zweiten Hauptfigur, nach Ablauf der Pachtverträge die Verwaltung der Besitzungen selber in die Hand zu nehmen, ohne – nach eigenem Bekenntnis – über die nötigen Vorkenntnisse zu verfügen, weist in diese Richtung. Noch wird kein drohender Ruin angedeutet, nur wenn es von dem Hauptmann, dem Freunde Eduards, und Ottilie, der achtzehnjährigen Nichte Charlottes – den das Quartett ergänzenden Figuren –, heißt, daß sie aus verarmten Familien stammen, so sprechen sich darin schon die wirtschaftlichen Veränderungen aus, denen damals zahlreiche Herrensitze zum Opfer fielen. – Von diesen zeitgeschichtlichen Umständen sind offenbar die Charaktere geprägt, den schwankenden ökonomischen Verhältnissen entspricht eine Krise der Sitten. Noch wird Eduard als «reicher Baron» eingeführt, in den gesicherten Feudalverhältnissen des 18. Jahrhunderts lebend, noch bewirtschaften Pächter seine Besitzungen; aber gerade sein «Verharren» in aristokratischen Ansprüchen bekommt bereits bedenkliche Züge. Als das «einzige verzogene Kind reicher Eltern» und in der Ehe «mit einer älteren Frau verheiratet, die ihn auf alle Weise verzärtelte», ist er gewohnt, kein Verlangen versagt zu bekommen. Zwischen Liebhaberei und Arbeit weiß er nicht zu unterscheiden. Auch in den Beschäftigungen, bei denen das adlige Ehepaar angetroffen wird – sie betreffen die Verschönerung und Erweiterung des Schloßparks –, zeigt sich eine Gesellschaft, deren Tätigkeit ihre Funktion verloren und etwas Beliebiges angenommen hat: ein adliger Müßiggang. – Dieser offene Zustand der Gesellschaft erscheint als die Bedingung, wo die Liebesleidenschaft wie ein entbehrtes «Element» in sie eintreten und bereits geschlossene Verbindungen auflösen kann. Durch das Hinzutreten des Hauptmanns und der Ottilie, eines Mannes und eines jungen Mädchens, wird das bisher durch Liebe gebundene Ehepaar, Eduard und Charlotte, entzweit. Die Gewalt der überkreuzenden wechselseitigen Anziehung wird in der Weise eines Naturprozesses verstanden: des Gesetzes von der Wahlverwandtschaft chemischer Verbindungen, die ein Element aus seiner Bindung an ein anderes durch ein hinzutretendes drittes, wahlverwandtes Element löst und mit diesem sich zu verbinden zwingt. Die menschliche Leidenschaft wird als außermoralische Naturkraft gefaßt (da «doch überall nur Eine Natur ist», *Vorrede,* HA 6,639), vor deren Zwingendem die Vernunft-Freiheit des Menschen ohnmächtig scheint. Dabei verhalten sich im Widerstreit zwischen Leidenschaft und Vernunft-Freiheit beide neu sich bindenden Paare gegensätzlich; aber ob sie einander entsagen oder nicht: das Ende ist in beiden Fällen, vom Leben her gesehen, Zerstörung.

Notwendig tat dieser Roman mit seinem Erscheinen die unterschiedlichste Wirkung; während Friedrich Karl von Savigny, der Rechtshistoriker und Schwager der Brentanos, ihn «für den großartigsten Blick auf diese verwirrte Zeit» hielt und «kein anderes goethisches Werk» ihm vorzog (25. 12. 1809 an Friedrich Creuzer), erklärte Friedrich Heinrich Jacobi ihn für die «Himmelfahrt der bösen Lust» (12. 1. 1810 an Friedrich Köppen); und von der Wirkung in Wien wußte Marianne von Eybenberg († 1812) zu berichten: «nie habe man so enthusiastisch, so gescheut und so dumm und absurd über etwas sprechen hören als über diesen Roman und nie sind die Buchhändler so bestürmt worden – es war wie vor einem Bäckersladen vor einer Hungersnot.»

Wodurch sich diese beiden Werke von der Dramen- und Romanproduktion der Klassik der 90er Jahre unterschieden (*Iphigenie, Tasso, Egmont, Wilhelm Meisters Lehrjahre*), waren die neuen poetischen Denk- und Kompositionsformen, die Goethe aus der Analogie seiner Einsichten in die Kräfte und Bildungsprozesse der Natur entwickelte (Denken in Polaritäten, Leidenschaften als Naturkräfte analog den Elementen, Entzweien und Vereinigen als Lebensprozeß). Immer entschiedener wurde die Tendenz, die subjektive Welt des Menschen – im Seelischen wie im Gesellschaftlichen, im Geschichtlich-Politischen wie im Künstlerischen – unter der objektiven Gesetzlichkeit der Natur zu fassen. Wie in *Pandora* die Geschichte unter diesen Aspekt trat, in den *Wahlverwandtschaften* die Liebesbeziehung der Geschlechter, so kehrt das Naturgesetzliche auch in den wichtigen lyrischen Produktionen dieser Jahre wieder. Hierher gehören die 42 Sprüche des Zyklus *Gott, Gemüt und Welt* aus dem Jahre 1812, die der naturphilosophischen Alterslyrik der Gedichtgruppe *Gott und Welt* (HA 1,357 ff.) präludieren; die Verse «Groß ist die Diana der Epheser» (HA 1,285 f.), eine von Goethes unbedingtesten Konfessionen zur Gottnatur und dem erkennenden Dienst an ihr. Hierher gehört schließlich der andere wichtige Gedichtzyklus dieser Jahre: die 17 Sonette, die im Winter 1807/08 aus der Leidenschaft zu Minchen Herzlieb, der achtzehnjährigen Pflegetochter des Verlegers Carl Friedrich Frommann (1756–1837), entstanden (HA 1,294 ff.). Auch diese Liebe wird nicht als inneres Gefühl, sondern wie in den *Wahlverwandtschaften* als Elementarkraft gefaßt, die dem von der Natur des Menschen vorgezeichneten Lebensgang eigengesetzlich und plötzlich entgegenwirkt. Das eröffnende Gedicht nennt sie «dämonisch», worunter Goethe etwas in der Natur Wirkendes versteht, «was der moralischen Weltordnung» zwar ‹nicht entgegengesetzt› ist, doch sie ‹durchkreuzt› (*DuW* 20, HA 10,177). Es ist «dasjenige, was durch Verstand und Vernunft nicht aufzulösen ist» (2. 3. 1831 zu Eckermann); «obgleich [es] sich in allem Körperlichen und Unkörperlichen manifestieren kann, [. . .] so steht es vorzüglich mit dem [außerordentlichen] Menschen im wunderbarsten Zusammenhang» (*DuW* 20, ebd.). «Eine ungeheure Kraft geht von ihnen aus» (*DuW* 20, ebd.); aus der Moralität heraustretend «wirken sie wie physische Ursachen, wie Feuer und Wasser» (3. 2. 1807 zu Riemer).

Zu diesen Naturen gehörte für Goethe im höchsten Grade Napoleon. Die in ihm wirkende Dämonie erklärte ihm das Faszinosum seiner Person: die Gewalt seiner Macht, ihre sittliche Problematik wie sein Ende als die Erfüllung der ihm in der Welt aufgetragenen Sendung. Goethe begegnete ihm auf dem Fürstentag in Erfurt, den Napoleon als Demonstration seiner Macht gegenüber dem Zaren Alexander I. Ende September 1808 (27. September–14. Oktober) einberufen hatte. 34 ihm ergebene Fürsten waren anwesend, Napoleon selbst als Herr des kontinentalen Europa. Die halbstündige Audienz, zu der Goethe gebeten wurde, fand am Vormittag des 2. Oktober statt (Goethe hat die Unterredung erst im März 1825 auf Drängen des Kanzlers von Müller, des ihm lange vertrauten und höchsten Justizbeamten des Landes, schließlich aufgeschrieben, HA 10,543 ff.). Sie beschäftigte sich längere Zeit mit dem *Werther,* den Napoleon hoch schätzte, jedoch an einer – von Goethe verschwiegenen – Stelle kritisierte. Erst einen Monat später hat Goethe Cotta gegenüber gestanden, «daß mir in meinem Leben nichts Höheres [. . .] begegnen konnte als vor dem französischen Kaiser und zwar auf eine solche Weise zu stehen» (2. 12. 1808, G. Br. 3,97). Ihm ist diese Faszination niemals – auch nach Napoleons Fall nicht – abhanden gekommen.

Das hat Goethe nicht gehindert, an der Besinnung auf die eigene nationelle Vergangenheit und ihre Literatur teilzunehmen, die schon um die Jahrhundertwende (dank der jungen Romantik) eingesetzt hatte und sich in diesen Jahren der patriotischen Niederlage weiter verstärkte. Neben das *Nibelungenlied,* das Friedrich Heinrich von der Hagen (1780–1856) 1807 neu übersetzt hatte und das Goethe im «Mittwochskränzchen» von November 1808 an vor Damen des Hofes vortrug, trat in den folgenden Jahren die Lektüre mittelalterlicher Volksbücher (Heldensagen um Karl den Großen, *Tristan und Isolde, Fierabras,* 1809), hoher und Spielmannsepik (*König Rother,* Hartmann von Aue: *Der arme Heinrich,* 1811), der Edda und altnordischer Sagas (1809). Glücklich ergänzt wurde dieses literarische Interesse von einem erneuten Interesse an der bildenden Kunst des Mittelalters durch den Besuch von Sulpiz Boisserée (im Mai 1811), einem jungen kölnischen Kunstgelehrten und Sammler, der ihn mit Zeichnungen des Kölner Doms bekannt machte und Beschreibungen seiner mittelalterlichen Gemäldesammlung gab (van Eyck, Memling, Gossaert, van der Weyden u. a.): eine Beziehung, die sich schnell zur Freundschaft verdichtete und sich bis an Goethes Lebensende erhielt.

Schließlich entschloß sich Goethe sogar, für die Siegesfeier der Verbündeten (Preußen, Rußland, Österreich, Schweden) ein Festspiel zu schreiben. Anläßlich der Rückkehr der Fürsten (Friedrich Wilhelm III. und Zar Alexander I.) aus dem besiegten Paris nach Berlin wünschte sich Iffland, der Hoftheaterintendant, «daß der erste Mann der Nation über diese hohe Begebenheit [ein Stück] schreib[e]» (28. 5. 1814 Iffland an Franz Kirms). Goethe lehnte wegen der Kürze der Zeit zunächst ab (18. 5. 1814 an Kirms), entwarf dann aber in wenigen Tagen ein Konzept mit Einzelheiten des Bühnenbilds, der Musik und des Kostüms, dem am 7. und 12. Juli das fertige Manuskript folgte: *Des Epimenides Erwachen* (HA 5,366 ff.). Dennoch fand die Aufführung – wegen Ifflands Tod und Säumigkeit des Komponisten – erst am 30. März 1815, dem Jahrestag der ersten Einnahme von Paris, statt.

Es ist ein allegorisches Spiel von der napoleonischen Gewaltherrschaft und der deutschen Befreiung, doch durch die Allegorese erhoben zur Darstellung der allgemeinen geschichtlichen Mächte des Krieges (List und Unterdrückung) und seiner Gegenkräfte (Glaube, Liebe, Hoffnung). Das Eigentümliche des Goetheschen Konzepts ist aber die Zuordnung des Zeitgeschehens zur Gestalt des Epimenides, des griechischen Sehers, der nach der Legende in einen langen, von den Göttern verhängten Schlaf verfiel, um im Traum die Offenbarung vom Ursprung der Welt zu erfahren, und erst in einem veränderten Weltzustand wieder erwachte. Auch bei Goethe wird an diesen göttlichen Schlaf als einen in der Jugend ihm widerfahrenen erinnert, durch den Epimenides zum Dichter und Seher geworden war; doch wird er jetzt erneut von den Göttern in Schlaf versenkt, um die politische Katastrophe der Gegenwart unbeschädigt zu überdauern und als Seher einen neuen Weltzustand zu stiften. Der den Krieg verschlafende Epimenides chiffriert also mehr als Goethes distanzierte Haltung in diesen Jahren nationalen Leidens: er ist der, der über die Zeit von Krieg und Unterdrückung «im Stillen bewahrt» wurde, daß er künftig «rein empfinden» kann, ohne die Gefühle von Vergeltung und Haß. Hier wird der Kunst ihre politische Funktion vindiziert: die Verkündung einer Zukunft ohne die Trübung der durch den Krieg erregten Revanche – einer durch gemeinsame Geschichte gestifteten europäischen «Einigkeit».

Eine zweite Jugend

Weimar, Juli 1814–Dezember 1823

Am 12. Juli 1814 war der zweite Teil des *Epimenides*-Manuskripts nach Berlin abgegangen, wenige Tage später brach Goethe in die alte Rhein/Main-Heimat zur Kur nach Wiesbaden auf – seit dem 30. März herrschte Frieden. Es war das erste Wiedersehen mit dem «freien Geburtsland» (*Annalen*, 1815, HA 10,515) nach 17 Jahren und als solches zugleich eine Art von Wiedergeburt.

Denn was eben zu Ende gegangen war, der lange Krieg (1806–1814), erwies sich als eine Zeit, in der Goethe «sich auf sich selbst zurückgedrängt» sah und die er benutzte, «um mich in mir selbst historisch zu bespiegeln» (25. 11. 1814 an Chr. H. Schlosser, G. Br. 3,284). Er deutete damit auf die Arbeit an *Dichtung und Wahrheit* zurück (HA 9 u. 10), die Aufzeichnungen seiner Kindheit und Jugend (bis 1775), zu der er sich unter dem Eindruck der Niederlage von Jena und Auerstedt im August 1808 plötzlich entschlossen hatte und deren erste drei Teile (15 Bücher) er zwischen April 1811 und Juli 1813 niederschrieb. Eben im Januar war der letzte (Tüb. 1811, 1812, 1814) im Druck erschienen; der 4. Teil (Buch 16–20), die Beziehung zu Lili, kam erst 24 Jahre später, 1830, zu Papier (Erstdruck nach Goethes Tod). – Damit war die Reihe der biographischen Selbstdarstellungen begonnen, die Goethe 1816/17 (und 1829) mit den Aufzeichnungen der *Italienischen Reise* (1786–1788) fortsetzte; auch sie zunächst unter dem Titel *Aus meinem Leben, 2. Abth. 1./2. Theil* (Tüb. 1816/17) verfaßt, denen er 1822 die Berichte über die *Campagne in Frankreich* (1792) und die *Belagerung von Mainz* (1793) folgen ließ; beide ebenfalls als Konfessionen *Aus meinem Leben, 2. Abth. 5. Theil* mitgeteilt. – Schließlich wurden zwischen 1822 und 1825 noch einmal die wichtigsten Lebensdaten (1749–1822) in den *Tag- und Jahresheften* oder *Annalen* festgehalten (HA 10,429 ff.): stichwortartige Mitteilungen, die erst möglich wurden, nachdem Friedrich Theodor Kräuter (1790–1856), seit 1818 Goethes Privatsekretär, im Sommer 1822 alles Handschriftliche aus Goethes Besitz (Manuskripte, Tagebücher, Reiseaufzeichnungen, Briefkonzepte und Briefe an Goethe) geordnet und archiviert hatte.

Als Gegenbewegung also zu dem Rückblick auf die vergangene Jugend nun im Frühsommer 1814 der Aufbruch in eine zweite Jugend: neues Weltergreifen dank «wiederholter Pubertät» (11. 3. 1828 zu Eckermann). Ausgelöst wurde diese neue Produktivität durch die Lektüre des persischen Dichters Schems ed-Din Mohammed Hafis (14. Jahrhundert) und seines *Divan* (= Gedichtsammlung), dessen deutsche Übersetzung durch Joseph von Hammer-Purgstall (1774–1856) Goethe 1813 von Cotta zukam; obwohl er schon einzelnes daraus kannte, machte erst das Ganze jetzt plötzlich Epoche. «Ich mußte mich dagegen produktiv verhalten, weil ich sonst vor der mächtigen Erscheinung nicht hätte bestehen können» (*Annalen* 1815, HA 10,514). So folgte auf die erste Tagebuchnotiz vom 7. Juni 1814 «Hafis Divan» schon am 21. Juni das erste eigene Divangedicht, *Hans Adam war ein Erdenkloß*. Mit Hafis im Gepäck dann am 25. Juni aufgebrochen, gelangen ihm bereits am ersten Reisetag zwei Gedichte (*Liebliches* und *Phänomen*), am nächsten Tag zwischen Eisenach und Fulda neun (darunter: *Im Gegenwärtigen Vergangenes* und *Übermacht, ihr könnt es spüren*); und selbst während der letzten gewittrigen Nachtfahrt vor der Ankunft in Wiesbaden am 29. Juni entstand das siebenstrophige *Alleben,* zwei Tage später die fünfstrophige *Selige Sehnsucht* – zwei schon dem Divan eigenste Gedichte, sofern sich darin Persönliches und Kosmisches, Sinnliches und Geistiges engstens verbanden. Ende August konnte Goethe Riemer mitteilen: «Die Gedichte an Hafis sind auf 30 angewachsen und machen ein kleines Ganzes» (29. 8. 1814).

Es folgten Wochen voller Lebensfreude und Weltzugewandtheit in Wiesbaden, Heidelberg und Frankfurt: der Augustbesuch des Volksfests in Bingen zu Ehren des Heiligen Rochus gemeinsam mit Zelter; die Septemberreise zu den Boisserée-Brüdern nach Heidelberg und das Bekanntwerden mit den altdeutschen und niederländischen Bildern ihrer Sammlung (24. September–8. Oktober); und schließlich das Erleben der Freudenfeuer am 18. Oktober, dem Jahrestag der Schlacht von Leipzig, im Frankfurter Mühlberghaus gemeinsam mit Jacob (1760–1838) und Marianne von Willemer (1784–1860), dem befreundeten Frankfurter Bankier und seiner ihm eben angetrauten (27. September 1814), 24 Jahre jüngeren Gattin. – Aber auch in den kommenden Weimarer Monaten nach der Rückkehr (27. Oktober) ließ die Schaffenskraft nicht nach, die Thematik der Gedichte erweiterte sich: zu dem *An Hafis* kamen solche, die später im *Schenkenbuch* (*Schenke spricht, Sommernacht*), im *Buch des Unmuts* (*Wanderers Gemütsruhe*) oder im *Buch Timur* (*Der Winter und Timur*) eingereiht wurden. Die Lektüre wissenschaftlicher Werke der älteren und neuen Orientalistik (Olearius, Jones, Dietz, Hammer, Eichhorn, Lorsbach, Michaelis) wie die von Reiseberichten (Marco Polo, Pietro de La Valle, Tavernier, Chardin) führte immer weiter in den Orient ein. Schließlich entstand am Weihnachtstag das Eingangsgedicht, das die poetische Fiktion für den ganzen Goetheschen Divan hergab: als *Hegire* betitelt (das ist die Fluchtreise Mohammeds von Mekka nach Medina), erklärt sich auch diese geistige Reise des westlichen Dichters als Flucht vor den zerbrechenden Ordnungen Europas in die «reinen» und «rechten» Verhältnisse des Ostens – des Ostens als des Ursprungslands der Menschheit, wo das Göttliche noch sichtbar im Gegenwärtigen wirkte und das Dichten noch unmittelbar als Rausch aus dem Leben hervorging.

Als dieser *West-Östliche Divan* 1819 zum erstenmal im Druck erschien, war er zu zwölf Büchern angewachsen, zu einem Zyklus von vier Triaden, von denen die ersten drei Bücher (*Buch des Sängers, Buch Hafis, Buch der Liebe*) auf eine ungefähre Weise den Büchern 7, 8, 9 (*Buch Timur, Buch Suleika, Schenkenbuch*) entsprachen und die zweiten drei, 4, 5, 6

(*Buch der Betrachtungen, Buch des Unmuts, Buch der Sprüche*), durch ihren gnomisch-reflektierenden Charakter mit den abschließenden Büchern 10, 11, 12 *(Buch der Parabeln, Buch des Parsen, Buch des Paradieses)* korrespondierten. Es war ein Ganzes von gleichgewichtigen Gliedern, von denen sich nur das *Suleika*-Buch durch die Fülle seiner Gedichte unterschied, und das hatte seinen Grund in der Biographie des Dichters.

Denn 1815 hatte es Goethe erneut in die Rhein/Main-Gegend gezogen, dieses Mal schon Ende Mai. Wieder begünstigte das Reisen das Dichten, aber schon die sechs Gedichte des ersten Reisetags unterschieden sich deutlich von denen des Vorjahrs: es waren fast durchgängig Liebesgedichte (unter anderen *Daß Suleika von Jussuph entzückt war, Da du nun Suleika heißest*), die, offenbar an glückliche Erinnerungen des vorigen 18. Oktober anknüpfend, schon Marianne von Willemer galten; denn diesen Tag feierten Goethe und Marianne auch später immer als den ihrigen. So folgte Goethe gern nach beendeter Kur der Einladung Jacob von Willemers in sein Landhaus am Main. Zusammen mit Sulpiz Boisserée traf er am 12. August in der Gerbermühle ein, wo sich nun Wochen vertrautester Nähe und glücklichster Responsion zwischen dem 66jährigen Dichter und der 30jährigen Marianne anschlossen. Goethe hatte Marianne den *Divan* des Hafis als Gastgeschenk mitgebracht, mit dem sie sich schnell vertraut machte; bald erfand sie – nach orientalischem Muster – Chiffrengedichte, Botschaften, die sie aus einzelnen Hafisversen zusammenstellte und als Verszahlen dem Geliebten überbringen ließ, der ihr seinerseits auf dieselbe chiffrierte Weise antwortete. Bald aber verständigte sie sich ihm noch unmittelbarer; als Goethe ihr am 12. September das Gedicht *Nicht Gelegenheit macht Diebe* gab, antwortete sie vier Tage später mit den Versen *Hochbeglückt in deiner Liebe.* Goethes Aufbruch nach Heidelberg am 18. September geschah dann, wie Boisserée notiert, «in großer Eile» (Tgb., 18. 9. 1815); aber am 23. September traf auch die Willemersche Kutsche überraschend in Heidelberg ein, und im Schloßpark haben die Liebenden noch einmal Abschied genommen; sie haben sich niemals wiedergesehen.

In diesen Tagen der unverhofften Wiederbegegnung entstand neben anderen das Gedicht *Wiederfinden,* das Liebesgedicht und Weltschöpfungsmythe zugleich ist, und es entstand nach Mariannes Zeugnis auch das *Gingo biloba*-Gedicht; ja, fast alle Gedichte des *Suleika*-Buches gehören den Monaten August, September, Oktober an. Aber was lange Zeit niemand über sie wußte, war, daß sie nicht alle von Goethe stammten; unter die eigenen hatte Goethe noch zwei von Marianne gemischt: das an den Ostwind, das sie auf dem Weg nach Heidelberg gedichtet hatte, und das an den Westwind, das von ihr auf dem Rückweg von Heidelberg verfaßt wurde; erst lange nach Goethes Tod hat sie Herman Grimm (1828–1901), dem Germanisten und Sohn Wilhelm Grimms, ihre Autorenschaft anvertraut, der sie wiederum erst nach Mariannes Tod (1860) der Öffentlichkeit mitgeteilt hat.

Über die Fremdheit, die diese Gedichte beim Leser auslösen würden, war sich Goethe schon während der Arbeit im klaren – sie sind die entschiedenste Abkehr Goethes von der Antike. Der Orient war dem Gebildeten seiner Zeit – anders als das klassische Altertum – weitgehend unbekannt; daher beschloß er den Gedichten eine Einführung in die Geschichte und die Lebens- und literarische Kultur der orientalischen Völker zu geben, die sich bald zu einem 2. Teil ausweitete: den *Noten und Abhandlungen zum besseren Verständnis des West-Östlichen Divans* (HA 2,126 ff.). Sie haben zur positiven Wirkung der Dichtung zunächst wenig beigetragen; über den *Divan* wurde fast durchgängig geurteilt, «daß [er] durchaus nicht nach unserm Geschmack» sei (Beilage des «Morgenblattes», 12. 8. 1820); auch Grabbe, Görres und Börne machten davon keine Ausnahme; noch vor dem Ersten Weltkrieg konnte man Exemplare der *Divan*-Erstausgabe von 1819 in den Buchhandlungen kaufen.

Der «politische Himmel» (*Annalen* 1815, HA 10,515), unter dem diese glücklichen Sommerwochen gediehen, war jedoch nicht so ungetrübt, wie man hätte erwarten können. Immerhin war Friedenszeit, und seit November 1814 tagte der Friedenskongreß der europäischen Fürsten in Wien; aber am

1. März 1815 war Napoleon erneut von Elba ausgebrochen, und die Truppen marschierten wieder auf beiden Seiten: der französischen wie der zur gewaltsamen Entthronung Napoleons entschlossenen Verbündeten: Österreich, Großbritannien, Preußen, Rußland. Goethe, seit Ende Mai in Wiesbaden, war in diese politischen Ereignisse durchaus hineingezogen: Er verkehrte im Generalquartier des österreichischen Heerführers Erzherzog Karl im Schloß Bieberich, erlebte in Wiesbaden am 18. Juni die Schlacht von Waterloo mit, die dort zunächst «zu großem Schrecken als [für die Verbündeten] verloren gemeldet» wurde (*Annalen* 1815) und folgte schon Ende Juni einer Einladung des Freiherrn vom Stein nach Köln zu einer Inspektionsreise über den Zustand der Kunstgüter in der Rhein- und Maingegend nach der Säkularisation und dem Krieg. Bei dieser Einladung ging es Stein als dem Leiter der «Kriegsverwaltung der Verbündeten in den Gebieten diesseits und jenseits des Rheins» um Goethes Urteil, wie «die kostbaren [Kunst-]Gegenstände zu übernehmen [...] und genießbar und nutzbar zu machen» seien; und Goethe sagte ein Gutachten nach der Reise zu.

Das war der Anlaß zu dem – nach Städten geordneten, in Heidelberg und der Boisseréeschen Sammlung kulminierenden – Bericht über *Kunst und Alterthum in den Rhein- und Maingegenden,* den Goethe bis zum Frühjahr 1816 fertigstellte und mit dem er zugleich eine neue Zeitschrift desselben Namens eröffnete (ab 1818 hieß sie nur noch «Über Kunst und Alterthum»). Sechs Bände zu je drei Heften erschienen in unregelmäßiger Folge bis zum Jahr 1828: eine Goethesche Hauszeitschrift gewissermaßen mit im wesentlichen eigenen Beiträgen verschiedenen Inhalts: neben dem eröffnenden Plädoyer Goethes für die mittelalterliche Kunst die von Meyer verfaßte Invektive gegen die das Mittelalter imitierende Malerei der Nazarener; neben Aufsätzen über Literaturtheorie, Malerei und Plastik auch Briefe, Sprüche und die großen Gedichte dieser Jahre *Urworte. Orphisch* (1820, mit Goethes Kommentar, HA 1,359 f.,) *Ballade* (1820, HA 1,290 ff.,), *Parialegende* (1824, HA 1,361 ff.). Die Zeitschrift erschien bei Cotta, dem

Verleger, mit dem Goethe im Juni 1815 nun die zweite 20bändige Werkausgabe beschlossen hatte und dem er 1822 ebenfalls die letzte 40bändige Gesamtausgabe, die Ausgabe letzter Hand, anvertraute.

1816, das Jahr, in dem das erste Heft «Über Kunst und Alterthum» erschien, war auch dasjenige, in dem in Sachsen-Weimar – seit 1815 Großherzogtum – die neue landständische Verfassung in Kraft trat und die Staatsverwaltung modernisiert wurde. Auf ein neu konstituiertes Grundgesetz hin wurde im Mai 1816 der erste Landtag in Weimar einberufen, dem neben ritterschaftlichen und bürgerlichen auch zehn Bauernvertreter angehörten, allesamt ausgestattet mit dem Recht auf Steuerbewilligung, Mitwirkung bei der Gesetzgebung und Beschwerderecht beim Monarchen; und dasselbe Grundgesetz garantierte auch das Recht auf Pressefreiheit, ein einzigartiges Vorrecht der Sachsen-Weimarischen Verfassung, das allerdings schon im September 1819 – nach Kotzebues Ermordung durch den Jenaer Studenten Georg Sand – wieder aufgehoben wurde. Goethe begrüßte die Aufhebung im Gegensatz zu Carl August, der lange davor gezögert hatte. Auf Druck von Österreich, Preußen und Rußland kam es indessen zu den «Karlsbader Beschlüssen» gegen demagogische Umtriebe, die für alle Staaten des Deutschen Bundes verpflichtend wurden, denen sich auch Carl August fügen mußte.

Zum Zweck der Modernisierung der Staatsverwaltung trat im weiteren an die Stelle des «Geheimen Conseils» das Großherzogliche Staatsministerium, das von einem Präsidenten und drei Ressortministern geleitet wurde. Goethe, zwar mit dem Titel Staatsminister beliehen, gehörte nicht mehr zu ihnen. Ihm wurde ein eigenes Amt, «die Oberaufsicht über die unmittelbaren Anstalten für Kunst und Wissenschaft in Jena und Weimar», eingerichtet, dem elf Institute unterstanden; auch oblag ihm die Leitung des Theaters, die er allerdings schon im Frühjahr 1817, verärgert über sich wiederholende Übergriffe der Schauspielerin Caroline Jagemann, Favoritin des Großherzogs, überraschend niederlegte.

An die Stelle der Theatertätigkeit trat jetzt wieder stärker die Beschäftigung mit der Naturforschung, die seit dem Abschluß der Farbenlehre im Mai 1810 mehr in den Hintergrund gerückt war und die durch die Aufsichtspflicht über die Jenaer naturwissenschaftlichen Institute (samt ihren botanischen, anatomischen, geologischen, mineralogischen Sammlungen) wie auch über die Jenaer Sternwarte (mit den ihr angeschlossenen meteorologischen Stationen Jena und Ettersberg) neu angeregt wurde. Dazu kam in diesen Jahren die Entdeckung eines neuen Farbphänomens (1808) durch den französischen Physiker Étienne L. Malus (1775–1812), der «entoptischen Farben», die Goethe seit 1812 beschäftigten; und es kam seit 1815 die Bekanntschaft mit einer Wolkennomenklatur hinzu, die der Engländer Luke Howard (1772–1864) 1803 veröffentlicht hatte. Beide Phänomene lösten bald neue theoretische Überlegungen (zur Entstehung der entoptischen Erscheinung wie zur Wolkenbildung, HA 13,304 ff.) aus, die zu einer Reihe von Aufsätzen führten.

Es entstand das Bedürfnis nach einem Publikationsorgan und daraus Goethes Unternehmen der beiden Reihen naturwissenschaftlicher Veröffentlichungen, die er 1817 bei Frommann in Gang setzte und die er «Zur Morphologie» und «Zur Naturwissenschaft überhaupt» nannte. Sie erschienen in den Jahren 1817–1824 paarweise als jeweils sechs Hefte und waren in der Weise thematisch unterschieden, daß die «Morphologischen Hefte» die Botanik, Zoologie, Anatomie und Gestaltlehre enthielten, während die Hefte «Zur Naturwissenschaft überhaupt» sich mit Wolkenbildung und Farbenlehre beschäftigten. Aber unabhängig davon war das ihnen Gemeinsame, daß sie sowohl eigene Goethesche Untersuchungen wie auch Referate über die Untersuchungen verwandter Naturforscher mitteilten, sowohl Lebensabrisse gleichgesinnter Wissenschaftler und Handwerker wie Maximen über eigenes Erkennen oder fremdes Meinen; sowohl naturphilosophische Prosa wie naturphilosophische Lyrik. Das Besondere an dieser Kompositionsweise war, daß Wissenschaft hier zu einer Art geselliger Lebenswelt wurde, einer Gemeinschaft einander förderlicher Geister, deren erkennendes Tun «immer zugleich den

Charakter des Erlebten» trug. Nicht umsonst hat Goethe beiden Heften den gemeinsamen Untertitel «Erfahrung, Betrachtung, Folgerung durch Lebensereignisse verbunden» beigegeben.

Die geologischen Aufsätze dieser Hefte gingen ausschließlich von Gesteinsverhältnissen Böhmens aus, Böhmen als dem Land, das er seit 1785 um seiner Heilquellen willen 17mal aufsuchte und zu dem er, nach einer Unterbrechung von fünf Jahren, 1818 wieder zurückkehrte. War es 1818 und 1819 Karlsbad, dessen Brunnenwasser ihm so bekömmlich waren, so wechselte er 1821 in das neu gegründete Marienbad, von dem er noch im Vorjahr (1820) nach einer Besichtigung meinte: «Mir war [. . .] als wäre ich in den nordamerikanischen Einsamkeiten, wo man Wälder aushaut, um in drei Jahren eine Stadt zu bauen» (2. 5. 1820 an Zelter, G. Br. 3,475 f.). Aber das Bad nahm einen schnellen Aufschwung, und so konnte Goethe schon 1821 Wohnung in einem neuen, fast palastartigen Haus finden, das dem Grafen Franz von Klebelsberg-Thumburg (1774–1854) gehörte und in dem er sich auch im kommenden Jahr einmietete. Er war dort jedesmal Nachbar der Frau Amalie von Levetzow (1787–1868), ihm schon aus den Karlsbader Tagen von 1808 bekannt, die, mit dem Grafen eng befreundet, ebenfalls alljährlich die Sommermonate mit ihren Eltern und den drei Töchtern hier verbrachte. Es stellten sich bald freundschaftliche Verhältnisse zu «der Familie» her – Goethe kannte Amalie von Levetzows Vater, den Freiherrn von Brösigke, schon seit Leipziger Studienzeiten, und auch Ulrike (1804–1899), die älteste der Töchter, nun achtzehnjährig, hatte er schon als Vierjährige an der Hand ihrer schönen Mutter kennengelernt. Es kam zu Spaziergängen, gemeinsamem Mineralogisieren mit den Töchtern, zu Pfänderspielen und Tanz auf abendlichen Bällen; nach einem Geschenk der mit einem Widmungsvers versehenen *Wanderjahre* (erschienen 1821) an Ulrike erzählte ihr Goethe die *Lehrjahre* Wilhelm Meisters als Vorgeschichte, und das Gedicht *Äolsharfen,* am Sommerende 1822 gedichtet, war schon ein Vorklang des Kommenden.

Aber im Sommer 1823 war dann doch noch einmal alles anders. Ulrike muß schon sehr früh der Magnet dieser Tage gewesen sein (wenn er ihre Stimme auf der Kurpromenade hörte, so erzählte man sich, unterbrach er jegliche Beschäftigung und lief zu ihr hinunter. 27. 10. 1823 zu Eckermann). Bald sprach die neugierig beobachtende Umwelt von Heiratsabsichten. Ob Goethe selber je bei Ulrikes Mutter um die Tochter angehalten hat, ist nicht überliefert; aber Carl August muß sich – so erzählt es Ulrike in ihren späten Erinnerungen – zum Fürsprecher des Freundes gemacht haben, in aller Förmlichkeit bei Frau von Levetzow aufgewartet und Ulrike gefragt haben, «ob sie Goethe nicht heiraten möchte». Eine Absage von seiten der Levetzows ist vermutlich niemals ausgesprochen worden; aber nach einigen Tagen (17. August 1823) schien es Frau von Levetzow angemessen, Marienbad zu verlassen und nach Karlsbad überzusiedeln. Noch drei Tage hielt es Goethe am «leeren» Ort, dann beschloß er, nach Eger zu wechseln, um sich bei geologischen Studien – wie schon manchesmal – wiederherzustellen. Aber schon am 24. August schützte er dem geologischen Freund Polizeirat Joseph S. Grüner (1780–1864) seine «notwendige Anwesenheit» in Karlsbad vor und reiste am Morgen des 25. dorthin ab.

Dies ist der reale und zugleich poetische Augenblick der *Elegie* (HA 1,381 ff.), die Goethe nach dem endgültigen Karlsbader Abschied von Ulrike auf der langen Heimreise nach Weimar (5.–17. September) dichtete: der noch einmal von ihm erzwungene Augenblick des «Wieder-Wiedersehens» und der erneuten schwankenden Hoffnung auf Erfüllung: «Was soll ich nun vom Wiedersehen hoffen [. . .]». Aufgrund eines von Goethe auf der Reise mitgeführten Großherzoglich-weimarischen Taschenkalenders aus dem Jahre 1822, der erst 1983 wieder auftauchte, in dem Goethe die erste Strophe in einer vier- und nicht sechszeiligen Vorform skizziert hatte, weiß man nun, daß das Gedicht in seinem Anfang schon am Vorabend des zweiten Wiedersehens (23.–24. August) konzipiert wurde und dann auf der langen Heimreise mit ihren tagelangen Unterbrechungen (Eger und Jena) zu 23 Stanzen anwuchs.

Am 17. September in Weimar angekommen, begann Goethe noch am selben Tag mit der Reinschrift; die Verse, in lateinischen Lettern «auf starkes Velinpapier» geschrieben, und die Blätter, mit einer seidenen Schnur in eine Decke von rotem Maroquin eingebunden, behandelte er fast wie ein heiliges Papier. Erst weit über einen Monat später machte er den nächsten Freunden, Eckermann, Humboldt, Zelter, von ihnen mit ungewohntem Zeremoniell Mitteilung. Und noch die Krankheit, die ihn Anfang November als Folge dieses Erlebnisses überfiel, wurde erst durch Zelters Besuch und sein immer wiederholtes Lesen der Elegienverse geheilt. Man hat das Gedicht Goethes «Abschied vom Leben» genannt, «sofern dies Leben [...] Liebe» war (Max Kommerell, *Gedanken über Gedichte*, 159). Und in der Tat, mit diesem Termin beginnt das eigentliche Alter.

Alter und Tod

Weimar, Januar 1824–März 1832

Es war Goethes letzte große Reise; nicht nur Böhmen und Ulrike hat er nicht mehr wiedergesehen, er ist überhaupt über den weiteren Umkreis von Weimar und Jena nicht mehr hinausgekommen. Was ihn hier immer weiter beschäftigte, war die Aufsichtspflicht über die ihm unterstellten Institute, die er bis zum Ende seines Lebens wahrnahm; zum anderen aber die neue Aufgabe der Vorbereitung einer «vollständigen correkten Ausgabe meiner Werke, Schriften und sonstigen literarischen Nachlasses» (8. 6. 1822 an Friedrich von Luck). Schon am 1. Mai 1822 hatte er ins Tagebuch notiert: «Nach Tische Gedanken an eine neue Ausgabe meiner Werke». Erste Voraussetzung dafür war die schon erwähnte Kräutersche Ordnung des gesamten literarischen Materials im Sommer 1822. Nun mußten geeignete Mitarbeiter gefunden werden, die sich durch Kenntnis und Verständnis des Goetheschen Werks auszeichneten. So kamen die *Beiträge zur Poesie mit besonderer Hinweisung auf Goethe,* die Johann Peter Eckermann (1792–1854) Ende Mai 1823 an Goethe mit der Bitte um Empfehlung für einen Druck bei Cotta schickte, gerade recht. Den 30jährigen jungen Schriftsteller und vormaligen Göttinger Jurastudenten lernte Goethe dann wenige Wochen später persönlich kennen und gewann ihn zunächst für eine begrenzte, bald zur endgültigen Mitarbeit. 1823 wurde ihm die Aussonderung des Goetheschen Anteils an den «Frankfurter Gelehrten Anzeigen», bald aber die gesamte Durchsicht des unveröffentlichten und unvollendeten Materials anvertraut, während Carl Wilhelm Göttling (1793–1869), Philologe, Archäologe und seit 1821 Professor der Altertumswissenschaft in Jena, mit der Revision des bereits gedruckten Werks befaßt wurde. – Ein zweites war die Sicherung der Ausgabe gegen Nachdruck, die Goethe durch ein Gesuch bei der Deutschen Bundesversammlung Anfang Januar 1825 zu erreichen suchte; aber die Kompetenz des Bundes in Frankfurt reichte nicht für alle ihm zugehörigen Staaten aus, so daß Goethe sich an jedes einzelne Land wenden mußte, um schließlich den Vermerk im Buchtitel zu erreichen: «Unter des Durchlauchtigsten Deutschen Bundes schützenden Privilegien». – Ein letztes waren die sich lang hinziehenden und dank der Mitbeteiligung von Goethes Sohn August scharf geführten Verhandlungen über die Drucklegung. Cotta, der schon die beiden früheren Gesamtausgaben besorgt hatte, war nicht der einzige Bewerber; nachdem verlautet war, daß die Ausgabe durch Garantien vor Nachdruck geschützt war, bewarben sich an die 20 Verlage mit Angeboten zwischen 30 000 und 200 000 Talern Autorenhonorar. Am Ende war es der fairen Vermittlung Sulpiz Boisserées zu danken, daß er – befreundet mit beiden Seiten, Autor wie Verleger – einen Vertrag zwischen Vater und Sohn Goethe und Cotta zustande brachte, der sich zu 60 000 Talern Honorar und – nach Verkauf von 20 000 Exemplaren – zu einer Beteiligung des Autors am Gewinn verpflichtete. Am 6. März 1826 unterschrieb Goethe den Vertrag, am 19. Juli zeigte er die «Ausgabe letzter Hand» (AlHd) im «Morgenblatt für gebildete Stände» an, zur Ostermesse 1827 erschien die erste Lieferung der Taschenausgabe (Bde. 1–5), ein Jahr später die erste der Oktavausgabe. Im März 1831 wurde die 40bändige Edition abgeschlossen, die nach Goethes Tod (von 1832–1842) 20 weitere Nachlaßbände ergänzten (Bde. 41–60).

Während Goethe den Druck im weiteren fast selbständig den Mitarbeitern überließ – auch der Faktor der Cottaschen Druckerei in Augsburg Wilhelm Reichel (1783–1836?) war nicht ohne Einfluß –, versammelte er selbst seine Kraft vor allem auf die Fertigstellung der beiden Werke, die «die spezifische Schwere» seines Œuvre noch «vermehren» sollten: auf den *Wilhelm Meister*-Roman und das *Faust*-Drama; sie wurden zum «Hauptgeschäft» der letzten Jahre.

Natürlich ging auch das Leben daneben weiter. 1825, in

der Nacht vom 21. zum 22. März, brannte das Hoftheater nieder: «der Schauplatz meiner fast dreissigjährigen liebevollen Mühe liegt in Schutt» (22. 3. 1825 zu Eckermann); aber Goethe riet, «schon in der nächsten Woche» (im Fürstenhause oder im großen Saale des Stadthauses) «wieder spielen zu lassen» (24. 3. 1825 zu Eckermann). Im selben Jahr 1825 am 3. September beging das Land das 50jährige Regierungsjubiläum Carl Augusts. «Schon zwei Wochen leben wir in einer bunt bekränzten, das seltenste Fest feiernden Stadt» (14. 9. 1825 an Sulpiz Boisserée, G. Br. 4,152). Goethe hatte aus diesem Anlaß das dreiteilige Gedicht *Zur Logenfeier* mit den gewichtigen mittleren Strophen «Laßt fahren hin das allzu Flüchtige!» verfaßt (HA 1,341 f.) und am Abend des Festtages sein geschmücktes Haus jedem zu freiem Eintritt geöffnet. Wenige Wochen später, am 7. November, wurde seines eigenen 50jährigen Dienstjubiläums gedacht. Carl August ließ eine Medaille mit seinem und der Großherzogin Luise Brustbild auf der einen und Goethes auf der anderen Seite prägen, die der Staatsminister Karl Wilhelm von Fritsch (1769–1851) am Morgen des Festtages überreichte: «Die 50. Wiederkehr dieses Tages», so das großherzogliche begleitende Handschreiben, «erkenne ich [. . .] mit dem lebhaftesten Vergnügen als das Dienstjubelfest meines ersten Staatsdieners, des Jugendfreundes [. . .] den für immer gewonnen zu haben ich als eine der höchsten Zierden meiner Regierung achte.» Die Universität Jena machte Goethe zum Ehrendoktor der medizinischen Fakultät und überließ ihm zwei philosophische Doktordiplome zur freien Verfügung, die er Eckermann und Riemer antrug. Und am Abend spielte das Theater die *Iphigenie.*

1826, am 17. September, wurde die vom Bildhauer Dannecker verfertigte Schillerbüste in der Weimarer Bibliothek aufgestellt; wenige Tage später, Ende des Monats, entstand nicht nur das Terzinengedicht auf «Schillers Schädel»; beim Durchsuchen der Papiere (Tgb., 2. 10. 1826) stieß Goethe auch auf einen Plan aus dem Ende der 90er Jahre, einer Jagdgeschichte, von deren Prosa-Ausführung ihm Humboldt und Schiller damals abgeraten hatten und die er nun bis Anfang

Januar prosaisch vollendete. «Wissen Sie was», erklärte er am 29. Januar 1827 Eckermann, «wir wollen es die ‹Novelle› nennen, denn was ist eine Novelle anders als eine sich ereignete unerhörte Begebenheit».

1827, Anfang Januar, starb Charlotte von Stein, 84jährig, versöhnt mit dem alten Freund zumindest seit der Zeit um Schillers Tod. Noch 1820 hatte Goethe in «Kunst und Alterthum» die Verse abgedruckt, die sie – «Lida» – in ihrem Anteil an Goethes Werden neben Shakespeare stellten: «Lida, Glück der nächsten Nähe, / William, Stern der schönsten Höhe, / Euch verdank' ich, was ich bin» (HA 1,373).

Mitte Mai 1827 verlockte es Goethe, nur für wenige Stunden, wie er meinte, in sein Gartenhaus am Stern umzusiedeln. «Aber die Frühlingsumgebung war so unvergleichlich, daß ich blieb ohne bleiben zu wollen» (24. 5. 1827 an Zelter, G. Br. 4,233). In den wenigen Wochen seines dortigen Aufenthalts (12. Mai–8. Juni 1827) entstand der Zyklus der 14 kurzen vierhebigen Gedichte, die – mit den zwei Dornburger Gedichten des nächsten Sommers – seine letzten werden sollten, betitelt: *Chinesisch-deutsche Jahres- und Tageszeiten* (Erstdruck in: Berliner Musenalmanach für 1830. Zweitdruck: 47. Bd. der AlHd. HA 1,387 ff.). Wie im *Divan* mit der persisch-arabischen, hat der Dichter sich hier mit der chinesischen Welt amalgamiert. Es war keine willkürliche Verbindung: schon 1813 und 1817 hatte Goethe sich mit chinesischer Dichtung, vor allem drei Romanen der Ming-Zeit, beschäftigt, jetzt 1827 erschienen im 6. Band «Über Kunst und Alterthum» vier Übersetzungen aus den *Gedichten 100 schöner Frauen,* die einem der drei Romane als Anhang beigegeben waren und die Goethe in englischer Übersetzung las. Wichtiger aber für das Entstehen war die innere Affinität zu der chinesischen als einer Dichtung, deren ‹höchster Charakter› «Geist» war und die damit – wie es Goethe auch von der orientalischen sagte – «vorzüglich dem Alter oder einer alternden Weltepoche» gehörte (*Noten und Abhandlungen zum* [. . .] *West-Östlichen Divan,* Allgemeinstes, HA 2,165).

In der Maske eines des Regierens müden Mandarins erlebt

hier der alte Dichter inmitten seines Gartens noch einmal Frühling und Sommer, und nach nächtlicher Verwandlung, dem Wechsel vom farbig-sinnlichen Tageslicht zur Herzenskühle des geistigen Mondlichts, noch einmal den Herbst; während er in dem Frühlingsgarten die Jahreszeit der erwartenden Liebe, im sommerlichen die in der Erinnerung an die Gegenwart der Liebsten sich erfüllende Jahreszeit erfährt, erkennt er im herbstlichen Garten das Wirken der gesetzlich-ideellen Kräfte im Vergehenden: Er erkennt vor dem Winter das Wirken von «Idee und Liebe» als den zwei Weisen der Offenbarung des Gesetzlich-Göttlichen in der Natur.

Im selben Jahr 1827 schließlich, zum Geburtstag im August, noch der überraschende Besuch Ludwigs I., des eben 1825 zur Regierung gekommenen bayerischen Königs, der aus Verehrung Goethes und seiner Dichtung nach Weimar gekommen war, um ihm das Großkreuz des Verdienstordens der bayerischen Krone zu verleihen. «Ergreifender Moment der königlichen Umarmung und Ordenserteilung», notierte Kanzler von Müller in seinen Aufzeichnungen vom 28. August 1827. Zum Dank widmete Goethe im Herbst 1829 seinen von ihm herausgegebenen Briefwechsel mit Schiller dem König als dem langjährigen Verehrer Schillerscher Dichtung.

Noch zu den Nachwirkungen dieses Besuchs gehörte es, daß Ende Mai 1828 (25. Mai–6. Juli) der von König Ludwig gesandte Hofmaler Joseph Karl Stieler (1781–1858) in Weimar eintraf, um Goethe zu porträtieren. – Es waren dieselben Maitage (29. Mai 1828), in denen Carl August zu einem Besuch an den Hof nach Berlin aufbrach, dort auch noch beständige Gespräche mit Alexander von Humboldt (1769–1859), dem Naturforscher und langjährigen Freund, über die Erdwärme, Mondatmosphäre, über farbige Doppelsterne führte und dann auf der Rückreise in Schloß Graditz (bei Torgau) am 14. Juni vom Schlag getroffen starb. Die Nachricht, die schon am nächsten Tag in Weimar war, erschütterte Goethe im Innersten. «Das Unerträgliche, das man solange fürchtet, [...] wird nicht erträglicher dadurch, daß es in die Wirklichkeit hereintritt» (6. 7. 1828 an Boisserée, G. Br. 4,283).

Zwar beteiligte er sich noch an den umfangreichen Vorbereitungen für das höfische Trauerzeremoniell, aber zwei Tage vor der Beisetzung in der Fürstengruft (9. Juli 1828) zog sich Goethe nach Dornburg zurück, «um jenen düsteren Funktionen zu entgehen» (23. 10. 1828 zu Eckermann). Hier an dem Ort, wo er sich «seit 50 Jahren» «mehrmals mit [Carl August] des Lebens gefreut» hatte, richtete er sich in dem südlichsten Schlößchen ein. Und hier inmitten des sorgfältig gepflegten Gartens – «alle Sommerblumen blühen aufs munterste und die Traubengeländer hängen so voll, daß man darüber zu erstaunen hat» – tat die Natur noch einmal ihre heilende Wirkung. Nicht nur daß Goethe «oft vor Tagesanbruch» «im offenen Fenster» lag, «um mich an der Pracht der jetzt zusammenstehenden Planeten zu weiden» (15. 6. 1828 zu Eckermann), er trieb auch von neuem Naturstudien, führte ein Wolkentagebuch, verfaßte kleine botanische Monographien und machte schließlich, wie er Eckermann anvertraute, «auch wieder Gedichte, die nicht schlecht sind» (15. 6. 1828). Es sind wohl die zwei sublimsten Strophen der gesamten Goetheschen Lyrik, die in diesen Tagen entstanden; das eine: *Dem aufgehenden Vollmonde* betitelt und auf den 25. August 1828 datiert; das andere: *Früh, wenn Tal Gebirg und Garten* beginnend und im September 1828 verfaßt (HA 1,391); sublim, weil sich in ihnen – bei aller Sinnlichkeit der poetischen Bilder – die Essenz des Lebens in einem Augenblick zusammenfaßt: in dem letzten Lebensaugenblick, der nicht der des Todes ist, sondern der im Besitz der ganzen Fülle des Lebens.

Am 11. September von Dornburg nach Weimar zurückgekehrt – «rüstig und ganz braun von der Sonne» (11. 9. 1828 zu Eckermann) –, empfand Goethe sehr bald die nicht zu schließende Lücke, die Carl Augusts Tod hinterlassen hatte. Es mehrten sich in seinen Briefen Ausdrücke der Selbstbeschreibung wie «Eremit» oder «Merlin» (14. 12. 1830 an Zelter, G. Br. 4,412); das Gefühl der Vereinsamung verstärkte sich. Dabei stellte ihm ein umfangreicher Freundesbriefwechsel nach wie vor die Verbindung mit der Welt her. Unter ihnen war der älteste der mit dem «Urfreund» Carl Ludwig von Knebel (1744–1834), mit dem er seit jenem folgenreichen Besuch im Frankfurter Großen Hirschgraben 1774 verbunden war. Trotz Knebels hypochondrischem Wesen – Goethe nannte ihn «gut aber schwankend», «zu gespannt [. . .] ohne was anzugreifen» – hat er ihm ein Leben lang die Freundschaft gehalten: Nach dem Tode Carl Augusts zog es Goethe zu ihm, «um das Andenken unseres Verehrten im stillsten Familienkreise zu feiern» (5. 7. 1828 an Knebel, G. Br. 4,283).

Ähnlich vertraut im Ton war die Korrespondenz mit Carl Friedrich Zelter (1758–1822), dem Berliner Musiker und früheren Maurermeister, der mit Goethe seit 1796 in Verbindung war. Im Laufe von fast 30 Jahren gingen über 850 Briefe hin und her, wobei die etwa 500 Briefe Zelters den Hauptanteil ausmachten. Während Musik, Musiktheorie und Komposition von Dichtung zunächst das fast ausschließliche Thema der Briefe waren – Zelter wirkte bildend auf Goethes Musikgeschmack, engte ihn aber auch entscheidend ein –, so weitete sich die Mitteilung bald auf das Berliner Theater aus, von dem Zelter fast regelmäßig berichtete, und griff schließlich auch auf alles Private über. Anläßlich des Selbstmords von Zelters Stiefsohn (1811) trug Goethe ihm das «Du» an – eine einzigartige Geste des Alternden, wodurch es zu so intimen Nachrichten kam wie zu niemand sonst; sie reichten von der unverstellten Kritik an der Zeit bis zum persönlichsten «Klatsch» und stellen insofern eine Art von Goethescher «Privatchronik» (Mandelkow, *Goethes Briefe,* II, 628) dar, die ihren besonderen Wert noch dadurch erhalten, daß sie von Goethe zur Veröffentlichung vorbereitet wurden. 1833/34 erschienen sie dann auch schon, herausgegeben in sechs Teilen von Friedrich W. Riemer, als einzige von Goethe zur Publikation bestimmte Korrespondenz neben der mit Schiller.

Weniger intim, aber nicht weniger wichtig: der Briefwechsel mit Wilhelm von Humboldt (1767–1835), mit dem Goethe 1794 als dem Freund Schillers und dem Mitherausgeber der «Horen» bekannt wurde und seitdem korrespondierte. Für Goethe wurde Humboldt bald zum idealen Leser, der sich in den Briefen ausführlich mit seinen ab 1795 entstandenen

Werken auseinandersetzte: mit *Wilhelm Meisters Lehrjahren,* mit dem *Märchen* aus den *Unterhaltungen deutscher Ausgewanderten,* mit *Alexis und Dora;* 1799 veröffentlichte Humboldt eine eigene kritische Schrift: *Ästhetische Versuche. Erster Theil* über *Hermann und Dorothea,* 1830 in den «Berliner Jahrbüchern für wissenschaftliche Kritik» eine Rezension von Goethes *Zweitem römischen Aufenthalt,* dem letzten Kapitel der *Italienischen Reise.* Während der Zeit der politischen und diplomatischen Tätigkeit Humboldts ab 1809 entfernten sich die Freunde etwas voneinander; aber ab 1820 intensivierte sich die Korrespondenz von neuem. Goethe nahm von nun an lebhaften Anteil an Humboldts sprachwissenschaftlichen Studien, wie auch Humboldt den seltenen Vorzug genoß, von der fortschreitenden Arbeit am 2. Teil des *Faust* unterrichtet zu werden; so ist auch Humboldt der Empfänger des letzten vermächtnishaften Briefs, fünf Tage vor dem Tod, in dem Goethe ihm die lebenslange Sekretierung des Faustmanuskripts vertraulich mitteilte.

Wichtige, bis ans Lebensende reichende Briefwechsel entstanden schließlich mit Sulpiz Boisserée (1783–1854) und dem Grafen Carl Friedrich von Reinhard (1761–1837); beide von sehr verschiedenem Charakter, hängen diese Korrespondenzen wiederum unter sich zusammen, indem es Reinhard war, der seinen jungen Freund Boisserée im Frühjahr 1810 Goethe zu empfehlen suchte. Zunächst lehnte Goethe die Bekanntschaft mit diesem Schüler des eben (1808) konvertierten Friedrich Schlegel (1772–1829) ab (22. 4. 1810 an Reinhard). Erst der persönliche Besuch Boisserées in Weimar im Mai 1811 stimmte Goethe um und begründete ein Freundschaftsverhältnis besonderer Art; denn in dem vom Katholizismus und der Rückwendung zum Mittelalter und seiner Kunst geprägten Rheinländer verband sich der alte Goethe mit einem Jungen derselben Romantikergeneration, die er, nach produktiven Anfängen, inzwischen ablehnte. Aber in Boisserées Enthusiasmus für den Kölner Dom sah er nun die eigene frühe Begeisterung für das Straßburger Münster wieder aufleben, durch Boisserée wurde ihm die Enge seiner klassizistischen

Kunstauffassung bewußt, ihm gegenüber empfand er schließlich größte Dankbarkeit für die Vermittlung in den Verlagsverhandlungen mit Cotta (1825/26). «Sie haben sich, lassen Sie es mich geradezu sagen, so klug als tüchtig, so edel als grandios gezeigt [...]» (3. 2. 1826, G. Br. 4,182). Noch die letzten Briefe aus den Jahren 1831 (20. März 1831, G. Br. 4,423 f.) und 1832 (11. Januar und 25. Februar 1832) vertrauen Boisserée als einzigem sein Glaubensbekenntnis zu den «Hypsistariern» an und überliefern ihm vermächtnisartig seine Einsichten in das lebenslang bedachte Phänomen des Regenbogens.

Der 1807–1832 kontinuierlich geführte Briefwechsel schließlich mit Carl Friedrich von Reinhard, dem hohen französischen Diplomaten schwäbischer Herkunft, dokumentiert eine im Karlsbader Sommer 1807 rasch geschlossene Freundschaft, die Goethe mit einem welterfahrenen Manne in Verbindung brachte, auf dessen diplomatische Tätigkeit keines der wechselnden französischen Regime zwischen 1792 und 1832 verzichten wollte. Aber außer diesen diplomatischen Fähigkeiten, die Reinhard in den Zusammenhang mit den wichtigsten politischen Ereignissen seiner Zeit führten, an deren Kenntnis er Goethe vielfach teilhaben ließ, besaß er auch naturwissenschaftliche und literarische Neigungen, die ihn an Goethes Farbenlehre und ihrer Verbreitung wie an seinen literarischen Werken intensiven Anteil nehmen ließen. Die Briefe behandeln Persönliches wie Poetisches, Naturwissenschaftliches wie Weltpolitisches; am wichtigsten aber werden sie durch ihr Bemühen um Goethes Idee der «Weltliteratur», die ihn im letzten Lebensjahrzehnt, vor allem aber seit 1827, vordringlich beschäftigte und an der auch Reinhard ein unmittelbares Interesse hatte. Schon in den letzten Bänden «Über Kunst und Alterthum» (5. und 6. Bd.) hatte Goethe Chinesisches und Serbisches, Schottisches, Böhmisches und Neugriechisches abgedruckt und hatte durch Besprechungen von Byron, Carlyle und Manzoni mit zeitgenössischer englischer und moderner italienischer Literatur bekannt gemacht und dank seiner seit 1827 regelmäßig betriebenen Lektüre von «Le

Globe», «La Revue Française», «Le Temps» (9. 11. 1829 an Zelter, G. Br. 4,350) auch über französische Literatur unterrichtet. Aber das Ziel dieser Bemühungen ging über das Bekanntmachen mit dem Fremden weit hinaus. «Wenn wir eine europäische, ja eine allgemeine Weltliteratur zu verkündigen gewagt haben, so heißt dies nicht, daß die verschiedenen Nationen [. . .] von ihren Erzeugnissen Kenntnis nehmen, denn in diesem Sinne existiert sie schon lange [. . .] nein! hier ist vielmehr davon die Rede, daß die lebendigen und strebenden Literatoren [. . .] durch Neigung und Gemeinsinn sich veranlaßt finden, gesellschaftlich zu wirken» (W. A. II, 13,449). Weltliteratur, das war für Goethe eine eminent politische Idee, sie forderte, daß «die Nationen sich begreifen» und, «wenn sie sich wechselseitig nicht lieben mögen, sich einander wenigstens dulden lernen» (Über Kunst und Alterthum 6,2).

1828, im September, hatte Goethe diesen Appell für die «Versammlung Deutscher Naturforscher und Ärzte» in Berlin verfaßt, nicht wissend, daß man dort als Motto die letzte Strophe seines Gedichts *Eins und Alles* (HA 1,368) «in goldenen Lettern» über dem Saaleingang angebracht hatte: «Denn alles muß in nichts zerfallen / Wenn es im Sein beharren will.» Aus Ärger über das notwendige Mißverstehen der Verse, denen sie in dieser Verabsolutierung ausgesetzt waren, entschloß er sich zu einem «Widerruf», der zugleich eine Erwiderung war. So entstand im Februar 1829 das Gedicht, das mit den Worten beginnt: «Kein Wesen kann zu Nichts zerfallen / Das Ew'ge regt sich fort in allen» (HA 1,369 f.). Es war das letzte philosophische, Mensch und Welt ins Verhältnis setzende Gedicht Goethes und sein *«Vermächtnis»*. Da die vier Gedichtbände der Ausgabe letzter Hand schon 1827 abgeschlossen waren, ordnete er es in die gerade erscheinenden *Wilhelm Meisters Wanderjahre* ein. Erst in der zweibändigen Nachlaßausgabe der Werke 1836/37 findet es sich in die Abteilung «Gott und Welt» eingereiht, die eigens von Goethe 1827 geschaffene, alle naturphilosophischen Gedichte vereinigende Gruppe.

1829, im Frühjahr, war nämlich endlich die Fortsetzung des Meisterromans beendet und als *Wilhelm Meisters Wander-*

jahre oder Die Entsagenden erschienen (HA 8). Die Arbeit daran hatte sich über mehr als zwei Jahrzehnte hingezogen. Zwar stand der Plan einer Fortsetzung wohl schon seit den 90er Jahren fest – schon Schiller hatte am 8. Juli 1796 noch vor Abschluß der *Lehrjahre* gemeint: «Lehrjahre sind ein Verhältnisbegriff, sie fodern ihr Correlatum, die Meisterschaft», und Goethe stimmte ihm wenige Tage später zu (12. Juli 1796); aber dann verging ein gutes Jahrzehnt, bis im Karlsbader Sommer 1807 und in den folgenden drei Jahren einige Novellen zu Papier kamen, die offenbar für diese Fortsetzung bestimmt waren (*St. Josef der Zweite, Die neue Melusine, Die gefährliche Wette*, Teile des *Manns von funfzig Jahren, Das nußbraune Mädchen*). Zwischen 1810 und 1820 nahm wiederum *Dichtung und Wahrheit* und der *West-Östliche Divan* die ganze Arbeitskraft Goethes in Anspruch, und erst im Herbst 1820 ergriff er das Romanmanuskript endgültig und vollendete es nun im Laufe des Winters in einem Zuge.

Noch waren die *Wanderjahre* von 1821 im Unterschied zu der späteren Fassung (1829) als «Roman» bezeichnet und in 18 Kapitel eingeteilt; aber schon gliederten sie sich – wie 1829 – in eine Rahmenhandlung und die Reihe selbständiger Novellen, die darin an bedeutender Stelle eingefügt waren; schon erzählte die Rahmenhandlung, wie später auch, die Geschicke Wilhelms als eines Entsagung Lernenden, während die Novellen exemplarische Lebensgeschicke derer mitteilten, die auf Leidenschaft und Subjektivität beharrten; denn «Entsagen» als Existential des sozialen Menschen, notwendiger Akt im Prozeß zum tätigen Glied einer humanen Gemeinschaft von Weltbewohnern, war schon das Thema der ersten (1821) und blieb das der zweiten Fassung; aber während der Romananfang von 1821 noch mit dem von 1829 übereinstimmte – Wilhelm und sein Sohn Felix wandernd auf der Höhe des Gebirges angekommen –, differierten die Fassungen in ihrem Ende. Der Schluß von 1821 war der Aufruf Lenardos, des Anführers des Wandererbundes, zum Aufbruch; der Schluß von 1829: Wilhelms Rettung des ertrunkenen Sohnes dank seiner Ausbildung zum Wundarzt.

Die Aufnahme der Dichtung war widersprüchlich; während die nahen Freunde, Knebel, Reinhard, Boisserée, lobend zustimmten, aber auch Fernerstehende wie Karl August von Varnhagen (1785–1859) und die Schulmänner Zauper aus Pilsen und Kayssler aus Breslau durch ernsthafte Untersuchungen ihr verstehendes Interesse zeigten, machte sich zugleich scharfe Kritik in einem anonym erscheinenden Gegenroman Luft, der ebenfalls *Wilhelm Meisters Wanderjahre* betitelt war. Er erschien in fünf Bänden und war 1821–1828 von dem protestantischen Pfarrer Johann Friedrich Pustkuchen (1793–1834) verfaßt. Unter Benutzung des Personals der *Lehrjahre* wurde hier eine Generalanklage gegen Goethes moralische, religiöse und patriotische Gesinnung erhoben, und die Kritik, die bald darauf beide Romane bewertete, gab keineswegs dem Goetheschen den Vorzug. Goethe ließ seinen Zorn darüber in ein paar kurzen bitteren Versen aus (*Goethe und Pustkuchen; Fauntleroy und Konsorten,* 1824). Doch schon aus dem Marienbader Sommer 1823 wiesen Bemerkungen auf neue Arbeit am Roman hin; sie betraf zunächst die Novellen (Fortsetzung des *Manns von funfzig Jahren;* des *Nußbraunen Mädchens;* neue Erfindung von *Die gefährliche Wette* und *Nicht zu weit*). Erst im Juni 1825 scheint sich Goethe dann zu einem Umdenken des ganzen Romans entschlossen zu haben: «Überdachte die neue Redaktion der Wanderjahre» (Tgb., 27. und 29. 6. 1825), und die Anzeige der Ausgabe letzter Hand vom März 1826 bestätigte den Entschluß, «das Werklein von Grund aus aufzulösen, [. . .] so daß in einem ganz Anderen das selbe wieder erscheinen wird» (W. A. 1,42[1], 112). Zwar schränkte die Arbeit am *Faust II* und der «Novelle» den Fortgang des Romans noch einmal ein, aber im Winter 1828 auf 1829 gelang der Abschluß.

In der Tat waren die Veränderungen erheblich: nicht nur daß äußerlich der Umfang um etwa die Hälfte angeschwollen und aus den 18 Kapiteln drei Bücher geworden waren, denen je eine Spruchsammlung (*Betrachtungen im Sinne der Wanderer* nach Buch 2; *Aus Makariens Archiv* nach Buch 3) und ein philosophisches Gedicht (*Vermächtnis* und die Terzinen *Bei*

Betrachtung von Schillers Schädel) angefügt waren; die Erzählform (Novelle, Brief, Tagebucheintragung, Gedicht, Archivblatt eines Redaktors) war noch unkonventioneller, die Handlungsführung noch inkonsequenter geworden. Denn der Held hatte gewissermaßen gewechselt: an die Stelle von Wilhelm, der sich aus dem Geschehen streckenweise ganz verlor, war die soziale Welt des heraufkommenden 19. Jahrhunderts getreten, die sich in einer Reihe von Gemeinschaftsformen und Lebensexistenzen als selbständige Daseinsbezirke ausbreitete – alle zusammen das neue Weltganze unter der Forderung der Entsagung auf Einzelpersönlichkeit realisierend. Solche Bezirke sind: die Heilige Familie St. Josephs des Zweiten, die Bergwelt Montans, das Gut des Oheims, des aufgeklärten Verwalters seines Besitzes, die kosmische Lebenswelt Makaries, der bewahrende Bezirk des Sammlers; weiterhin die Pädagogische Provinz sowie die von Technisierung bedrohte Hausindustrie der Spinner und Weber, endlich der amerikanische Auswandererbund und die europäische Binnensiedlung. Wilhelm, der noch einmal zum Wandern Bestimmte, ist zunächst nur der zwischen den Bezirken Verbindende, der, indem er das ihm Aufgetragene ausführt, sie kennenlernt; dabei begegnet ihm gleich anfangs in Montan, dem Gebirgskundigen, der aus der Beschäftigung mit der Erde Wissendgewordene, der ihm die neue Richtung seines Wanderns weist: «Vielseitigkeit», nach der du bisher strebtest, «bereitet eigentlich nur das Element vor, worin der Einseitige wirken kann [. . .] es ist jetzo die Zeit der Einseitigkeiten; [. . .] Mache ein Organ aus dir und erwarte, was für eine Stelle dir die Menschheit im allgemeinen Leben wohlmeinend zugestehen werde» (*WMW* 1,4, HA 8,37). Durch Welterfahrung dann von der Notwendigkeit der Entsagung überzeugt, entschließt er sich zur Einseitigkeit des Wundarztberufs und ordnet sich im Auswandererbund als nützliches Glied in ein Ganzes ein. Durch die Rettung des eigenen Sohnes erfüllt sich ihm am Ende der Entschluß mit Sinn. – Trotzdem: auch die zweite Fassung blieb erfolglos: «Goethes Werke haben bereits ihre Zeit gehabt» (Theodor Mundt in: Blätter für literarische Unterhaltungen, 1830), so die Kritik.

Vor allem das Stilmittel der «Reihung», der Naturwissenschaft entnommen und wichtigstes Element des Altersstils, wurde mißverstanden und führte wohl zu dem Urteil: «Bauholz zu einem didaktischen Roman», geschrieben im «Stil eines Kompilators» (ebd.).

1830, zu Beginn des Jahres (14. Februar), starb 73jährig die Großherzogin Luise. Goethe hatte weit über 50 Jahre (seit 1774) an ihrem Leben teilgenommen. – In den letzten Julitagen brach in Paris erneut und überraschend die Revolution aus. Carl X., der Bruder des nach dem Sturz Napoleons wiedereingesetzten Bourbonen, mußte zugunsten des Bürgerkönigs Louis Philippe abdanken. In Apolda und Jena entstanden Unruhen; von Weimar hieß es, «der Eindruck» der Revolution sei «unbeschreiblich»; Goethe sehe sie «für die größte Denkübung» an, «die ihm am Schluße seines Lebens habe werden können» (4. 9. 1830 Kanzler von Müller an Rochlitz, Bode III 309). – Am 26. Oktober starb 41jährig in Rom August, Goethes einziger Sohn. Kanzler von Müller berichtete, daß Goethe ihn schon bei Mitteilung der «Schreckenskunde» (10. November 1830) unterbrochen habe: «non ignoravi me mortalem genuisse» (Ich wußte immer, daß ich einen Sterblichen erzeugt; Bode III, 312, 328). Ende April war der Geheime Kammerrat zusammen mit Eckermann nach Italien aufgebrochen, «um zu genesen», wie der Vater den römischen Freunden später schrieb (27. 12. 1830 an August Chr. Kestner, G. Br. 4,414). Eine «krankhafte Exaltation» hatte sich seiner bemächtigt, die sich seit vielen Jahren vorbereitet hatte. Schon die Ehe, 1817 mit Ottilie von Pogwisch geschlossen, Tochter der geschiedenen und verarmten Hofdame Henriette von Pogwisch, geb. von Henckel-Donnersmarck, war von Anfang an problematisch. Drei von Goethe geliebte Kinder, Walther 1818, Wolfgang 1820, Alma 1827 geboren, konnten die ungleiche Verbindung zwischen der leidenschaftlichen, aber disziplinlosen Angehörigen des Uradels und dem pedantisch-mittelmäßigen unehelichen Sohn des neu geadelten Dichters nicht befestigen. Dazu wurde die Rolle als Gehilfe des Vaters (in der Direktion des Theaters, der Oberaufsicht der Institute, als Verwalter der

Goetheschen Sammlungen, als Leiter des Goetheschen Haushalts) für den Sohn immer unerträglicher. «Ich will nicht mehr am Gängelbande / Wie sonst geleitet seyn / Und lieber an des Abgrunds Rande / Von jeder Fessel mich befrein», waren Verse, mit denen er sich 1829 endlich poetisch loszumachen suchte. Die andere Befreiung, die wohl mit zu dem frühen Lebensende beitrug, war der Alkohol. Noch auf dem Stein des Grabes, nahe der Cestiuspyramide in Rom gelegen, war er als «Goethe filius patri antevertens», dem Vater vorausgehend, beschrieben.

Goethe antwortete auf die ihn im Innersten angreifenden Ereignisse jedesmal mit Schweigen und Tätigkeit. Schon im Anfang des Jahres nach dem Tode der Großherzogin hatte ihn die Arbeit an der «Mütterszene» des *Faust II* vollkommen in Anspruch genommen. Mitte Februar stellte er die Lektüre des «Globe» und des «Temps» ein (Anfang März 1830 zu Soret), um sich ganz auf die Arbeit an der «Klassischen Walpurgisnacht» zu konzentrieren. In den Sommertagen der Revolution beschäftigte ihn der Streit über die *Entstehung der Arten* zwischen den französischen Naturforschern Cuvier und Geoffroy de St. Hilaire, der schon im Frühjahr an der Pariser Akademie der Wissenschaften ausgebrochen war und von dem die Pariser Tageszeitungen seitenlang berichteten. Nach der Lektüre von Geoffroys Schrift entschloß sich Goethe, mit einer Rezension in die Auseinandersetzung einzugreifen: *Principes de philosophie zoologique discutés en mars 1830*, die in zwei Teilen in den «Berliner Jahrbüchern für wissenschaftliche Kritik» erschienen (September 1830 und März 1832, HA 13,219 ff.). Denn Goethe sah das auch ihn betreffende Prinzipielle, um das es darin ging: um die analytische oder synthetische Erkenntnismethode bei der Gewinnung des Typusbegriffs. – Auf den Tod des Sohnes im Herbst schließlich antwortete er mit angestrengter Arbeit am 4. Buch von *Dichtung und Wahrheit;* aber Ende November wehrte sich der Körper gegen die geistige Vergewaltigung. In der Nacht vom 25. auf den 26. wurde er von einem «Blutsturz» (einer Blutung der Adern der Speiseröhre) überrascht. Es war Goethe selbst, der Wochen später darüber an Zelter schrieb, «daß der unterdrückte Schmerz und eine so gewaltsame Geistesanstrengung [Vollendung des 4. Buchs in zwei Wochen] jene Explosion [...] dürften verursacht haben» (10. 12. 1830 an Zelter, G. Br. 4,412). Doch die Wiederherstellung gelang noch ein letzes Mal.

Schon zu Beginn des neuen Jahres 1831 stand dann der Entschluß fest, mit der Fertigstellung des 4. Akts den *Faust II* zu vollenden. Mitte Februar wurden die losen Manuskriptblätter des ganzen Opus zu einem Bande zusammengeheftet, in dem die Stelle des fehlenden 4. Akts mit weißem Papier ausgefüllt war, «daß das Fertige» anlocke, «um das zu vollenden, was noch zu tun ist» (17. 2. 1831 zu Eckermann). Die fehlenden Szenen (4. Akt ohne den schon im Frühjahr 1827 entstandenen Anfangsprolog) wurden von Mitte Mai an innerhalb zweier Monate niedergeschrieben, so daß das Tagebuch vom 22. Juli melden konnte: «Das Hauptgeschäft zustandegebracht».

Daß der 1. Teil des *Faust,* wie auch die *Lehrjahre,* einer Fortsetzung bedurfte, stand gleichfalls seit Sommer 1797 fest. Briefe zwischen Goethe und Schiller sprechen davon, wie auch ein vermutlich zwischen 1797 und 1800 entstandenes Schema, das auch schon die beiden Teile in ihrer bezeichnenden Polarität eines subjektiven und objektiven Teils gegenüberstellt (HA 3,430). Zwischen September 1800 und März 1801 entstanden dann die ersten 265 Verse zu dieser Fortsetzung als «Helena im Mittelalter, Satyrdrama, Episode zu Faust», die ungefähr dem Anfang des späteren 3. Aktes (vv. 8489–8802) entsprachen, nur daß die hier im deutschen Mittelalter auftretende antike Schönheit später in ihrer eigenen spartanischen Heimat begegnet. Aber 1816, während der Arbeit an *Dichtung und Wahrheit,* müssen Goethe wohl Zweifel an seiner Vollendungskraft gekommen sein, denn er entschloß sich zu einer Gesamtskizzierung des 2. Teils, die er im 18. Buch einzuschieben gedachte. Endlich, nach langer Pause, begann im Februar 1825 die Arbeit am 2. Teil von neuem, – um nun nicht mehr aufzuhören; zunächst am 3. Akt, den Goethe am 16. Juli 1826 vollendete und der zur Ostermesse 1827 im 4. Band der

Ausgabe letzter Hand erschien. Es folgte der 1. Teil des 1. Akts (Prolog und die ersten drei Szenen bis Vers 6036), der, um die Jahreswende 1827/28 fertiggestellt, zur Ostermesse 1828 (im 12. Band der Ausgabe letzter Hand) veröffentlicht wurde. Zwischen 1828 und 1830 wechselte die Arbeit an der zweiten Hälfte des 1. Akts und an den beiden Teilen des 2. Akts hin und her. Fehlte noch der 5. Akt, von dem es für die Szenen «Mitternacht», «Vorhof des Palastes» und «Grablegung» schon Skizzen aus den Jahren 1797–1800 gab, die Goethe wohl 1825 ausführte; aber die letzte Szene «Bergschluchten» entstand wahrscheinlich erst Dezember 1830, der sich dann Anfang 1831 die Anfangsszenen «Offene Gegend», «Tiefe Nacht» und Fausts Schlußmonolog anschlossen.

Fortsetzung des ersten wurde der zweite Teil indessen nur in einem besonderen Sinne; zwar blieb Faust der Held, und die Welt zu erfahren, sein Schicksal, aber dieser Gang durch die Welt, ihr Verlassen im Tod begibt sich nicht wie sonst im Schicksalsdrama in Form einer kausal-verknüpften Handlung; vielmehr fällt gerade das eigentliche Handlungsmoment (die kaiserliche Unterschreibung des Papierscheins, die Losbittung der Helena aus dem Hades, die Belehnung Fausts mit einem Stück Meeresstrand) in jedem Akt immer wieder aus. Zwischen den 1. und 2. Teil schiebt sich ein Hiat der Zeit; an die Stelle des mittelalterlichen Glaubenshimmels mit Gott-Vater, Erzengeln und Teufel als metaphysischer Instanz des 1. Teils tritt im 2. Teil das Weltbild der Neuzeit, die gesetzlich erkannte und durch Gesetze verbürgte Natur. Der Sonnenbogen zu Beginn des Dramas steht als Zeichen für ein Gesetzlich-Dauerndes im Wechsel der Welterscheinungen und Epochen vor der neu sich öffnenden Welt.

Daher wurzelt das Poetologische nun durchgängig in der naturphilosophischen Denkweise des alten Goethe, die die dramatischen Begriffe von Held und Welt, Handlung, Charakter und Schicksal neu bestimmt: an die Stelle des individuellen Charakters im 1. (subjektiven) Teil tritt im 2. Teil der tief verschuldete Faust als das nun aus der Natur neugeborene Subjekt, die große «Entelechie», die in Metamorphosen (wiederholten «kleinen Toden») in jedem Weltbezirk als ein anderer erscheint. Im 2. (objektiven) Teil ist Faust die neuzeitliche, sich selbst gestaltende große Lebenskraft («begabten Manns Natur- und Geisteskraft»), die dem jeweiligen Bereich entsprechend eingeordnet an gemäßer Stelle wirkt: als Plutus und Hofdichter im 1. Akt, als von Helena «Paralysierter» und Wanderer im mythischen Griechenland im 2. Akt, als mittelalterlicher Burgherr im 3. Akt, als Obergeneral des Kaisers im 4. und als Kolonisator der Erde im 5. Akt. – Entsprechend dem Naturaspekt ist auch Welt etwas anderes geworden: sie ist nicht mehr Fausts Umwelt. Die einzelnen Akte stellen Metamorphosen der Welt dar, Bezirke des für den neuzeitlichen Menschen signifikanten Daseins: Neben den Bereich der neuzeitlichen Gesellschaft im 1. Akt tritt in der «Gotischen Studierstube» des 2. Aktes das Phänomen des neuzeitlich erfindenden abendländischen Geistes und in der «klassischen Walpurgisnacht» das der Gestalten bildenden und den nördlichen Geist gestalthaft umbildenden Natur. Der 3. Akt chiffriert die europäische Kultur, der 4. die politische Herrschaft der Neuzeit. – Und an die Stelle des Schicksals tritt die Anreicherung der entelechischen Monade Faust mit Weltstoff. Der Lebensprozeß selber als Prozeß der Weltaneignung und Selbstgestaltung macht das dramatische Geschehen aus, wobei der Todesaugenblick, der 5. Akt, der Augenblick der Entscheidung ist. Ging es bisher (1.–4. Akt) um Verwirklichung Fausts, so geht es jetzt um Verschuldung an die Welt und Erhaltung im Tod: es geht um Fausts persönliche Unsterblichkeit.

Es war eine seit mehr als 30 Jahren immer wieder neu bedachte, bis zuletzt zu neuen Erfindungen bewegende Arbeit, die Goethe damit beendet hatte. Er hat nicht gezögert – entgegen seiner sonstigen Nüchternheit in eigener Sache –, sie sein «Vermächtnis» zu nennen und sie noch Mitte August 1831 einzusiegeln. Es lag ihm daran, dieses Gedicht vor der Tageskritik zu schützen. Die Worte aus dem letzten Brief an Wilhelm von Humboldt (17. 3. 1832, G. Br. 4,481) vom «Tag, der wirklich so absurd» sei, «daß ich mich überzeuge meine redlichen, lange verfolgten Bemühungen um dieses seltsame

Gebäu würden schlecht belohnt und an den Strand getrieben, wie ein Wrack in Trümmern daliegen», klingen ernst genug. – Andererseits war das Bewußtsein, «damit einen schweren Stein über den Bergesgipfel auf die andere Seite hinabgewälzt» zu haben, befreiend. So genoß er seinen 82. Geburtstag, indem er – allen offiziellen Feierlichkeiten ausweichend – mit den beiden Enkeln nach Ilmenau und am 27. August auf den «Kickelhahn» fuhr, wo «ich auf einem einsamen Bretterhäuschen des höchsten Gipfels» «die Inschrift vom 7. September 1783» [richtig: 1780] «recognoszierte»: ‹Über allen Gipfeln ist Ruh'› (4. 9. 1831 an Zelter, G. Br. 4,442).

Daß er sein «ferneres Leben nunmehr als reines Geschenk ansehen» könne und es «jetzt im Grunde ganz einerlei [sei], ob und was ich noch etwa tue», hatte Goethe zwar gleich nach Beendigung der *Faust*-Arbeit gesagt (6. 6. 1831 zu Eckermann), aber er war weiter tätig, beschäftigt vorwiegend mit Naturwissenschaftlichem und dazu in beständigem Umgang und Gespräch mit den Nächsten. Zu ihnen gehörten, nach dem Tode Christianes (6. Juni 1816) und Augusts, von der Familie nur noch die Schwiegertochter und die Enkel, im weiteren Eckermann und Riemer, Meyer und Oberbaudirektor Coudray, ferner der Kanzler von Müller, mit dem Goethe noch Anfang 1831 sein Testament aufgesetzt hatte, und der Hofrat Dr. Vogel, Carl Augusts Leibarzt und seit einigen Jahren (seit 1826) auch Goethes Hausarzt.

Im Oktober hatte Goethe noch mit der Lektüre von Plutarchs Lebensbeschreibungen begonnen, die ihm Ottilie abends vorlas und die im Januar und Februar fortgesetzt wurde. Den Winter über fühlte er sich gesundheitlich wohl, aber am 14. März muß er sich bei einer Spazierfahrt erkältet haben; das Tagebuch vom 16. März meldet: «Den ganzen Tag wegen Unwohlseyns im Bette zugebracht». Es ist die letzte Eintragung. Nach einigen Tagen schien der Zustand sich wieder zu bessern, aber in der Nacht vom 19. zum 20. stellten sich qualvolle Schmerzen und größte Unruhe ein. Die Aufzeichnungen des Arztes sprechen von «jagender Hast, die den Greis bald ins Bett und bald auf den neben dem Bett stehenden Lehnstuhl trieben [. . .]», von «bald Stöhnen», bald «lautem Geschrei». Zwar legte sich der Schmerz wieder, aber «Atmung und Herz versagten». Am Donnerstag, dem 22. März, um ½12 Uhr mittags starb Goethe; er wurde vier Tage später in der Fürstengruft in Weimar beigesetzt, sein Sarg stand auf dem gotischen Teppich der Goetheschen Familie, auf dem er auch getauft worden war.

Verzeichnis der Abkürzungen

AlHd	Ausgabe letzter Hand
WA	Weimarer Ausgabe
HA	Werke. Hg. E. Trunz. 14 Bde. (Hamburger Ausgabe)
G. Br.	Briefe. Hg. K. R. Mandelkow u. B. Morawe. 4 Bde. (Hamburger Ausgabe)
Bode	Goethe in vertraulichen Briefen seiner Zeitgenossen. Hg. W. Bode
C. i. Fr.	Campagne in Frankreich
DuW	Dichtung und Wahrheit
IR Tgb.	Tagebuch der Italienischen Reise
IR	Italienische Reise
WML	Wilhelm Meisters Lehrjahre
WMW	Wilhelm Meisters Wanderjahre
WKF	Weimarer Kunstfreunde

Literaturverzeichnis

Auswahl

Gesamtausgaben

Vollständige Ausgabe letzter Hand. Bd. 1–40. Stuttgart/Tübingen: Cotta 1827–1830; Goethes nachgelassene Werke. Bd. 41–60. Hg. Eckermann/ Riemer. Ebd. 1832–1842.

Werke. Hrsg. im Auftrag der Großherzogin Sophie von Sachsen. Abteilungen I–IV. 133 Bde. (in 143). Weimar 1887–1919. (– Weimarer Ausgabe) – (Dsgl. als fotomechanischer Nachdruck: München: Deutscher Taschenbuch Verlag 1987)

Sämtliche Werke. Jubiläumsausgabe. Hg. E. von der Hellen. 40 Bde. Stuttgart 1902–1912.

Werke. Festausgabe. Hg. R. Petsch. 18 Bde. Leipzig 1926–1927.

Werke. Hg. E. Trunz. 14 Bde. Hamburg 1948–1964. Sonderausgabe München 1998. (Hamburger Ausgabe)

Gedenkausgabe der Werke, Briefe und Gespräche. Hg. E. Beutler. 24 Bde., 3 Ergänzungsbde. Zürich 1948–1971.

Werke. Hg. Deutsche Akademie der Wissenschaften zu Berlin. 19 Bde, 3 Ergänzungsbde. Berlin (Ost) 1952–1966. (Einzelbde. Ausgabe unvollständig.) Ergänzung hierzu: Schriften zur Literatur. Historisch-kritische Ausgabe. 6 Bde. Berlin (Ost) 1970–1980.

Erzählungen. Historisch-kritische Ausgabe. Berlin (Ost) 1971–1975.

Goethes Werke. 22 Bde. Berlin (Ost) 1961–1978. (Berliner Ausgabe).

Sämtliche Werke. Briefe, Tagebücher und Gespräche. Frankfurt a. M. 1985 ff. (Frankfurter Ausgabe)

Sämtliche Werke nach Epochen seines Schaffens. 21 Bde. (in 26). München 1985 ff. (Münchner Ausgabe)

Teilausgaben

Der junge Goethe. Neu bearbeitete Ausgabe. Hg. H. Fischer-Lamberg. 5 Bde. Berlin 1963–1974.

Gedichte in zeitlicher Reihenfolge. Hg. H. Nicolai. 2 Bde. Frankfurt a. M. 1978.

Die Schriften zur Naturwissenschaft. Vollständige, mit Erläuterungen versehene Ausgabe. Abt. 1: Texte. 11 Bde. Weimar 1947–1970. Abt. 2: Ergänzungen und Erläuterungen. Weimar 1959 ff.

Goethes Amtliche Schriften. Veröffentlichungen des Staatsarchivs Weimar. Weimar 1950ff.
Corpus der Goethe-Zeichnungen. Bearbeitet von G. Femmel u.a. 7 Bde. (in 10). Leipzig 1958–1973.

Briefausgaben

Einzige Gesamtausgabe der Briefe: Weimarer Ausgabe, Abt. IV. (s.o. Gesamtausgaben). – 3 Ergänzungsbde. Hg. P. Raabe. München: Deutscher Taschenbuch Verlag 1990.
Briefe. Textkritisch durchgesehen und mit Anmerkungen versehen von K. R. Mandelkow unter Mitarbeit v. B. Morawe. 4 Bde. Hamburg 1962–1967. (Hamburger Ausgabe)
Briefe aus dem Elternhaus. Hg. W. Pfeiffer-Belli unter Mitarbeit v. E. Beutler. Zürich 1960.
Briefwechsel des Herzogs-Großherzogs Carl August mit Goethe. Hg. H. Wahl. 3 Bde. Berlin 1915–1918. Neudr. Bern 1971.
Goethes Briefe an Charlotte von Stein. Hg. J. Petersen. 3 Bde. Leipzig 1907. Neue, vollständige Ausgabe: 2 Bde. (in 4). 1923.
Briefwechsel zwischen Goethe und K. L. von Knebel 1774–1832. Hg. G. E. Guhrauer. Leipzig 1851.
Goethes Ehe in Briefen. Hg. H. G. Gräf. Potsdam 1937.
Der Briefwechsel zwischen Schiller und Goethe. Hg. H. G. Gräf/A. Leitzmann. 3 Bde. Leipzig 1912. Neudr. 1955.
Briefwechsel zwischen Schiller und Goethe in den Jahren 1794–1805. Herausgegeben und kommentiert von M. Beetz. München 1990. (Münchner Ausgabe) Bd. 8.1 und 8.2.
Goethes Briefwechsel mit W. und A. von Humboldt. Hg. L. Geiger. Berlin 1909.
Goethe und Reinhard. Briefwechsel 1807–1833. Hg. O. Heuschele/E.R. Gross/G. Ihme. Wiesbaden 1957.
Sulpiz Boisserée. Hg. M. Boisserée. Stuttgart 1862 (in Bd. 2: Briefwechsel mit Goethe)
Marianne Willemer und Johann Jakob Willemer: Briefwechsel mit Goethe. Dokumente – Lebens-Chronik – Erläuterungen. Hg. H.-J. Weitz. Frankfurt a.M. 1965.
Der Briefwechsel zwischen Goethe und Zelter. Hg. M. Hecker. 3 Bde. Leipzig 1913–1918. Neudr. Bern 1970.
Briefwechsel zwischen Goethe und Zelter in den Jahren 1799–1832, in: Sämtliche Werke nach Epochen seines Schaffens (Münchner Ausgabe), Bd. 20.1, 20.2, 20.3.
Goethes Briefwechsel mit Chr. Gottlob Voigt. Hg. H. Tümmler. 1784–1819. Weimar 1949–1962. (Schriften der Goethe-Ges. 53–36)
Goethe und Cotta. Briefwechsel 1797–1832. Textkritische und kommentierte Ausgabe. Hg. D. Kuhn. 3 Bde. (in 4). Stuttgart 1979ff.

Goethes naturwissenschaftliche Correspondenz. Hg. F. Th. Batranek. Leipzig 1874.
Briefe an Goethe. Gesamtausgabe in Regestform. Hg. Goethe- und Schiller-Archiv. Bd. 1 ff. Weimar 1980 ff.
Briefe an Goethe. Gesammelt, textkritisch durchgesehen und mit Anmerkungen versehen von K. R. Mandelkow. 2 Bde. Hamburg 1965–1969. (Hamburger Ausgabe)

Gespräche

Johann Peter Eckermann: Gespräche mit Goethe in den letzten Jahren seines Lebens. 1823–1832. Kommentierte Ausgabe. Hg. E. Castle. 3 Bde. Berlin 1916. Neu hg. H. H. Houben. Leipzig 1925. Wiesbaden [26]1975. Neu hg. F. Bergemann. Wiesbaden 1955. Neue, veränderte Ausgabe. Hg. F. Bergemann. Frankfurt a. M. 1963.
Friedrich Wilheln Riemer: Mitteilungen über Goethe. Auf Grund der Ausgabe von 1841 und des handschriftlichen Nachlasses. Hg. A. Pollmer. Leipzig 1921.
Kanzler von Müller: Unterhaltungen mit Goethe. Kritische Ausgabe. Hg. E. Grumach. Mit Anmerkungen von R. Fischer-Lamberg. Weimar 1959.
F. Soret: Zehn Jahre mit Goethe. Übersetzt von H. H. Houben. Leipzig 1929.
Goethes Gespräche. Auf Grund der Ausgabe und des Nachlasses von F. Freiherrn von Biedermann ergänzt und herausgegeben von W. Herwig. 3 Bde. (in 4). Zürich 1965–1972.
Goethe, Begegnungen und Gespräche. Hg. E. und R. Grumach. Bd. 1 ff. Berlin 1965 ff.

Nachschlagewerke

Goethe-Handbuch in vier Bänden. Hg. Bernd Witte u. a. Stuttgart, Weimar 1996 ff.
Goethe-Wörterbuch. Hg. Akademie der Wissenschaften der DDR, Akademie der Wissenschaften in Göttingen und Heidelberger Akademie der Wissenschaften. Bd. 1 ff. Berlin/Stuttgart 1978 ff. (erscheint in Lieferungen seit 1966)
Dobel, R. (Hg.): Lexikon der Goethezitate. Zürich 1968.
Fischer, P.: Goethe-Wortschatz. Ein sprachgeschichtliches Wörterbuch zu Goethes sämtlichen Werken. Leipzig 1929. Neudr. Leipzig 1971.
Gajek, B. u. a. (Hg.): Goethes Leben und Werk in Daten und Bildern. Frankfurt a. M. 1966.
Gräf, H. G.: Goethe über seine Dichtungen. Versuch einer Sammlung aller Äußerungen des Dichters über seine poetischen Werke. 9 Bde. Frankfurt a. M. 1901–1914.
Grumach, E.: Goethe und die Antike. 2 Bde. Berlin 1949.

Keudell, E. von (Bearb.): Goethe als Benutzer der Weimarer Bibliothek. Weimar 1931.
Märkisch, A. (Bearb.): Konkordanz zu Goethes Werken. Berlin 1973.
Mommsen, M.: Die Entstehung von Goethes Werken in Dokumenten. Unter Mitwirkung von K. Mommsen. Bde. 1–2. Berlin (Ost) 1958. (unvollständig)
Nicolai, H.: Zeittafel zu Goethes Leben und Werk. Frankfurt a. M. 1964.
Ruppert H.: Goethes Bibliothek. Weimar 1958.
Steiger, R.: Goethes Leben von Tag zu Tag. Bd. 1 ff. Zürich/München 1982 ff.

Bibliographien

Goedeke, K., Grundriß zur Geschichte der deutschen Dichtung. Bd. 4, Abt. 2–4. Dresden ³1910–13. Bd. 4; Abt. 5. Berlin 1960.
Goethe-Bibliographie. Begründet von H. Pyritz. 2 Bde. Heidelberg 1965–68.
Jahresbibliographien 1951–1969. Bearbeitet von H. Nicolai. In: Goethe, N. F. des Jahrbuchs der Goethe-Gesellschaft 14/15 (1952/53) bis 33 (1971). 1970 ff. Bearbeitet von H. Henning. In: Goethe-Jahrbuch 89 ff. (1972 ff.)
Faust-Bibliographie. Bearbeitet von H. Henning. 3 Tle. (in 5 Bden.) Berlin/Weimar 1966–76. Neudr. München 1984.
Schmid, G.: Goethe und die Naturwissenschaften. Eine Bibliographie. Halle 1940.
Henning, H./Seifert S. (Hg.): Internationale Bibliographie zur deutschen Klassik. Weimar 1970 ff.

Periodische Organe

Goethe-Jahrbuch 1–34, 3 Registerbde. Frankfurt a. M. 1880–1913.
Jahrbuch der Goethe-Gesellschaft 1–21, Registerbd. Weimar 1914–36.
Goethe. Vierteljahresschrift (Bd. 3 ff.: Viermonatsschrift) der Goethe-Gesellschaft. N. F. des Goethe-Jahrbuchs. (Bde. 10 ff.: Goethe, N. F. des Jahrbuchs der Goethe-Gesellschaft). Bde. 1–33. Weimar 1936–71.
Goethe-Jahrbuch 89 ff. der Gesamtfolge. Weimar 1972 ff.
Jahrbuch des Freien Deutschen Hochstifts. Frankfurt a. M. 1902–1940 und 1962 ff.
Jahrbuch der Sammlung Kippenberg. Leipzig 1921–1935 und Düsseldorf 1963 ff.
Jahrbuch der Deutschen Schillergesellschaft. Stuttgart 1956 ff.
Chronik des Wiener Goethe-Vereins. Wien 1887 ff.
Publications of the English Goethe Society. London 1924 ff.

Wirkung

Fambach, O.: Goethe und seine Kritiker. Die wesentlichen Rezensionen aus der periodischen Literatur seiner Zeit, begleitet von Goethes eigenen und seiner Freunde Äußerungen zu deren Gehalt. Anhang: Bibliographie der Goethe-Kritik bis zu Goethes Tod. Düsseldorf 1953.

Mandelkow, K. R,. (Hg.): Goethe im Urteil seiner Kritiker. Dokumente zur Wirkungsgeschichte Goethes in Deutschland. 4 Tle. München 1957–1984.

Mandelkow, K. R.: Goethe in Deutschland. Bd. 1: 1773–1918. München 1980. Bd. 2: 1919–1982. München 1989.

W. Bode (Hg.): Goethe in vertraulichen Briefen seiner Zeitgenossen. Zusammengestellt von W. Bode. 3 Bde. Berlin 1917–1923. Neudr. Bern 1966. Neu hg. v. R. Otto und P. G. Wentzlaff. Berlin/Weimar 1979, München.

Müller, P. (Bearb.): Der junge Goethe im zeitgenössischen Urteil. Berlin 1969.

Gesamtdarstellungen

Barner, W. (Hg.): Unser Commercium. Goethes und Schillers Kulturpolitik. Stuttgart 1984.

Boyle, N.: Goethe. Der Dichter in seiner Zeit. Aus dem Englischen übersetzt von Holger Fliessbach. Bd. 1. (1749–1790), München 1995; Bd. 2 (1790–1803) im Erscheinen.

Conrady, O.: Goethe – Leben und Werk. Frankfurt a. M. ²1987.

Eissler, K. R.: Goethe. A psychoanalytic study, 1775–86. 2 Bde. Detroit 1963. Deutsche Ausgabe Frankfurt a. M. ²1984.

Flitner, W.: Goethe im Spätwerk. Hamburg 1949.

Geerdts, H.-J.: Johann Wolfgang von Goethe. Leipzig 1972, ³1977.

Graham, I.: Portrait of the artist. Berlin/New York 1977.

Gray, R.: A critical introduction. Cambridge 1967.

Keller, W.: Goethes literarisches Spätwerk, in: Neues Handbuch der Literaturwissenschaft Bd. 14, Wiesbaden 1982.

Mayer, H. (Hg.): Goethe im 20. Jahrhundert – Spiegelungen und Deutungen. Hamburg 1967.

Mayer, H.: Goethe. Ein Versuch über den Erfolg. Frankfurt a. M. 1973.

Muschg, A.: Goethe als Emigrant. Frankfurt a. M. 1986.

Schmitz, H.: Goethes Altersdenken. Bonn 1959.

Schrimpf, H. J.: Das Weltbild des späten Goethe. Stuttgart 1956.

Stöcklein, P.: Wege zum späten Goethe. Hamburg 1949.

Urzidil, J.: Goethe in Böhmen. Zürich/Stuttgart ²1965.

Zimmermann, R. C.: Das Weltbild des jungen Goethe. Studien zur hermetischen Tradition des deutschen 18. Jahrhunderts. 2 Bde. München 1969–1979.

Lyrische Dichtung

Birus, H.: West-Östlicher Divan, in: Sämtliche Werke, 1. Abt. Bd. 3.1 und 3.2, Frankfurt a. M. 1994 (Frankfurter Ausgabe)
Boyd, J.: Notes to Goethe's Poems. 2 Bde. Oxford [2]1948/49.
Hölscher-Lohmeyer, D.: Anmerkungen zu (...) «Die Weissagungen des Bakis». In: Frühmittelalterliche Studien. Berlin/New York 1978.
Keller, W.: Goethes dichterische Bildlichkeit. München [2]1998.
Killy, W.: Wandlungen des lyrischen Bildes. Göttingen 1956 u.ö.
Kommerell, M.: Gedanken über Gedichte. Frankfurt a.M. 1943, [4]1985.
Lohner, E. (Hg.): Studien zum west-östlichen Divan. Darmstadt 1971. (= Wege der Forschung 287)
Lohner, E. (Hg.): Interpretationen zum west-östlichen Divan Goethes. Darmstadt 1973. (= Wege der Forschung 288)
Peacock, R.: Goethe as lyric poet. In: Essays on Goethe. London 1949.
Richter, K.: West-Östlicher Divan, in: Sämtliche Werke nach Epochen seines Schaffens. München 1998. (Münchner Ausgabe), Bd. 11.1.2.
Sauder, G. (Hg.): Goethe-Gedichte. 32 Interpretationen, München 1996.
Schöne, A.: Götterzeichen – Liebeszauber – Satanskult. München 1982.
Staiger, E.: Goethes Gedichte mit Kommentar. Zürich 1949.
Trunz, E.: Goethes lyrische Kurzgedichte. In: (Jahrbuch) Goethe 26. Weimar 1964.

Epische Dichtung und Autobiographie

Andreas, W.: Carl August von Weimar in und nach der Kampagne gegen Frankreich. Sitzungsberichte der Bayerischen Akademie der Wissenschaften, Philosophisch-historische Klasse. Jg. 1954. München 1955.
Andreas, W.: Goethe und Carl August während der Belagerung von Mainz. Sitzungsberichte der Bayerischen Akademie der Wissenschaften, Philosophisch-historische Klasse. Jg. 1955. München 1956.
Benjamin, W.: Goethes Wahlverwandtschaften. In: Spiegelungen Goethes in unserer Zeit. Wiesbaden 1949.
Henkel, A.: Entsagung. Eine Studie zu Goethes Altersroman. Tübingen 1954.
Henkel, A.: Versuch über «Wilhelm Meisters Lehrjahre». «Wilhelm Meisters Wanderjahre». In: Ders.: Goethe-Erfahrungen. Stuttgart 1962.
Killy, W.: Wirklichkeit und Kunstcharakter. München 1963.
Lützeler; P. M./McLeod, J. E. (Hg.): Goethes Erzählwerk. lnterpretationen. Stuttgart 1985 (mit Bibliographie zu den einzelnen Werken).
Misch, G.: Geschichte der Autobiographie. 4. Bd. 2. Hälfte. Frankfurt a.M. 1969.
Müller, K. D.: Autobiographie und Roman. Tübingen 1976.
Muschg, A.: «Wilhelm Meisters Wanderjahre». In: Ders.: Goethe als Emigrant. Frankfurt a.M. 1986.

Reiss, H.: Goethes Romane. Bern/München 1963.
Rösch, E. (Hg.): Goethes Roman «Die Wahlverwandtschaften». Darmstadt 1975.
Schlechta, K.: Goethes Wilhelm Meister. Frankfurt a. M. 1985.
Schrimpf, H. J./Klussmann, P. G. (Hg.): Goethes «Werther», Kritik und Forschung. Darmstadt 1989.
Staiger, E.: Goethes Novelle. In: Meisterwerke deutscher Sprache aus dem 19. Jahrhundert. Zürich 1943.
Trunz, E.: Die «Wanderjahre» als Hauptgeschäft im Winterhalbjahr 1828/29. In: Studien zu Goethes Alterswerken. Frankfurt a. M. 1971.

Dramatische Dichtung

Böschenstein, B.: Goethes «Natürliche Tochter» als Antwort auf die Französische Revolution. In: Bausteine zu einem neuen Goethe. Frankfurt a. M. 1987.
Borchmeyer, D.: Goethes Pandora und der Preis des Fortschritts. In: Etudes germaniques 38, 1983.
Emrich, W.: Die Symbolik des Faust II. Berlin 1943, Bonn [5]1981.
Gadamer, H.-G.: Vom geistigen Lauf des Menschen. In: Kleine Schriften. Tübingen 1967.
Hinderer, W. (Hg.): Goethes Dramen. Neue Interpretationen von der «Laune des Verliebten» bis «Faust II». Stuttgart 1980. (mit Bibliographie zu den einzelnen Werken)
Jauss, H. R.: Racines und Goethes Iphigenie. In: Rezeptionsästhetik, Theorie und Praxis. München 1975.
Hölscher-Lohmeyer, D.: Faust. Der Tragödie Zweiter Teil, in: Sämtliche Werke nach Epochen seines Schaffens, München 1997. (Münchner Ausgabe), Bd. 18.1.
Kaiser, G.: Der Dichter und die Gesellschaft in Goethes Tasso. In: Wanderer und Idylle. Göttingen 1977.
Kaiser, G.: Exkurs zu Goethes Festspielen ‹Pandora› und ‹Des Epimenides Erwachen›. In: ders., ‹Wanderer und Idylle›. Göttingen 1977.
Keller, W: Das Drama Goethes. In: Handbuch des Deutschen Dramas. Düsseldorf 1980.
Keller, W. (Hg.): Aufsätze zu Goethes «Faust I». Darmstadt 1984.
Keller, W. (Hg.): Aufsätze zu Goethes «Faust II». Darmstadt 1989.
Kommerell, M.: Geist und Buchstabe der Dichtung. Frankfurt a. M. 1939, [4]1990.
Lohmeyer, D.: Faust und die Welt. München 1975. (Dsgl. München: Deutscher Taschenbuch Verlag 1977)
Lohmeyer, D.: «Auf dem Hochgebirg», «Faust II» 4. Akt. In: Jahrbuch der Deutschen Schiller-Gesellschaft 25 (1981).
Meyer, H.: Diese sehr ernsten Scherze. Heidelberg 1970.
Mommsen K.: Natur- und Fabelreich in Faust II. Berlin 1968.

Rasch, W. D.: Iphigenie auf Tauris als Drama der Autonomie. München 1979.
Schlaffer, H.: «Faust Zweiter Teil». Die Allegorie des 19. Jahrhunderts. Stuttgart 1981.
Schöffler, H.: Shakespeare und der junge Goethe. In: Deutscher Geist im 18. Jahrhundert. Göttingen 1956.
Schöne, A.: Faust, Texte und Kommentare. In: Sämtliche Werke, 1. Abt. Bd. 7.1 und 7.2, Frankfurt a. M. 1994 (Frankfurter Ausgabe)
Sengle, F.: Wieland und Goethe. In: Wieland – vier Biberacher Vorträge. Wiesbaden 1954.
Trunz, E.: Goethe, Faust I und II. Kommentierte Sonderausgabe. München 1987.
Vietor, K.: Der junge Goethe. Bern 1950.
Wilkinson, E.: Sprachliche Feinstruktur in Goethes Egmont. In: Begriffsbestimmung der Klassik und des Klassischen. Darmstadt 1972. (= Wege der Forschung 210)

Amtliches – Gesellschaftliches – Politisches

Andreas, W.: Carl August von Weimar. Ein Leben mit Goethe 1757–83. Stuttgart 1953.
Andreas, W. (Hg.): Politischer Briefwechsel des Herzogs und Großherzogs Carl August von Weimar. 3 Bde. Stuttgart 1958.
Borchmeyer, D.: Höfische Gesellschaft und Französische Revolution bei Goethe. Adliges und bürgerliches Wertsystem im Urteil der Weimarer Klassik. Kronberg/Taunus 1977.
Bruford, W. H.: Kultur und Gesellschaft im Klassischen Weimar 1775–1806. Göttingen 1966.
Flach, W.: Goetheforschung und Verwaltungsgeschichte. Goethe im Geheimen Consilium 1776–86. Weimar 1952.
Goethes Werke. Münchner Ausgabe. Bde. 2, 4, 6, 9: Einführungen und Kommentare zu Goethes Amtlichen Schriften.
Hartung, F.: Das Großherzogtum Sachsen-Weimar 1775–1828. Weimar 1923.
Mommsen, W.: Die politischen Anschauungen Goethes. Stuttgart 1948.
Mahl, B.: Goethes ökonomisches Wissen. Frankfurt a. M., Bern 1982.
Schöne, A.: ‹Regenbogen auf schwarzgrauem Grunde› – Goethes Dornburger Brief an Zelter zum Tod seines Großherzogs. Göttinger Universitätsreden, 65. Göttingen 1979.
Tümmler, H.: Goethe als Staatsmann. Göttingen 1976.

Naturwissenschaften

Adler, J.: «Eine fast magische Anziehungskraft» – Goethes ‹Wahlverwandtschaften› und die Chemie seiner Zeit. München 1987.

Benn, G.: Goethe und die Naturwissenschaften. Berlin 1933.
Bräuning-Oktavio, H.: Vom Zwischenkieferknochen zur Idee des Typus. Nova Acta Leopoldina N. F. 18 (1956).
Engelhardt, W. von/Kuhn, D.: Johann Wolfgang von Goethe. In: Böhme, G. (Hg.): Klassiker der Naturphilosophie. München 1989.
Heisenberg, W.: Das Naturbild Goethes und die technisch-naturwissenschaftliche Welt. Jahrbuch der Goethe-Gesellschaft N. F. 29 (1967).
Hölscher-Lohmeyer, D.: «Entoptische Farben» – Zur Adressatin und zum Gedicht. In: Etudes germaniques. Paris 1983.
Hölscher-Lohmeyer, D.: «Verteilet euch nach allen Regionen«: Über Goethes «Weltseele». In: Weimar am Pazifik. Festschrift für W. Vordtriede. Tübingen 1985.
Kuhn, D.: Empirische und ideelle Wirklichkeit, Graz/Wien/Köln 1967.
Kuhn, D.: Typus und Metamorphose. Stuttgart 1988.
Lipps, H.: Goethes Farbenlehre. Jahrbuch des Freien Deutschen Hochstifts 1936–1940.
Matthaei, R.: Goethes Farbenlehre. Ravensburg ^{2}1988.
Meyer-Abich, A.: Biologie der Goethezeit. Stuttgart 1949.
Müller-Seidel, W.: Naturforschung und deutsche Klassik. Festschrift für B. von Wiese. Berlin 1973.
Pörksen, U.: Zur Wissenschaftssprache und Sprachauffassung bei Linné und Goethe. In: Sprache und Welterfahrung. München 1978.
Portmann, A.: Goethe und der Begriff der Metamorphose. Goethe-Jahrbuch 90 (1973).
Schöne, A.: Über Goethes Wolkenlehre. In: Jahrbuch der Akademie der Wissenschaften in Göttingen. 1968.
Schöne, A.: Goethes Farbentheologie. München 1987.
Semper, M.: Die geologischen Studien Goethes. Leipzig 1914.
Wohlbold, H: Goethes Farbenlehre, Vorwort. Tübingen 1953: Wissenschaftliche Buchgemeinschaft.

Werktitel und Gedichtanfänge

Namenregister